心の中に「静《せい》」をもつ

片岡鶴太郎

サンマーク出版

静かに　静かに　静かに
眼を閉じる
静かに　静かに　静かに
鼓動の　音を　聴く

毎日、午前1時に起床し、4時間のヨーガと2時間の朝食タイム。
テレビに映る姿は、ストイックすぎて、
まるで奇人変人に見えるかもしれませんが、どうぞご安心ください。
なぜ自分がこうしているのかといいますと、とにかく楽しいから。
心の中の静けさを楽しみながら、
人生の深みとユーモアを味わい尽くしているのです。

「はじめに」この本を出版するにあたって

歳を重ねるほどに深まってゆく心

東京オリンピックを迎える2020年を過ぎたあたりから、いよいよ日本は本格的な「超高齢社会」に突入するといわれています。これは「少子高齢社会」……つまり、新生児の数が減り、逆に後期高齢者（＝75歳以上の人のこと）が増加することを意味しています。

内閣府が発表した「平成29年版高齢社会白書」によると、日本の総人口1億2693万人中（平成28年10月1日現在）、なんと65歳以上が占める割合は27・3パーセントにも及ぶそうです。実に総人口の3分の1近くが高齢者！

このデータを見せられたとき、私は愕然《がくぜん》としました。といいますのも、私が絵を描き始めた1995年あたりは、まだ14・6パーセントだったからです。高齢者の数は、約20年間でおよそ2倍になった計算です。

さまざまなメディアから「高齢社会」という言葉を見たり聞いたりする機会も増えましたが、医療の財政難や介護の問題など、やたらネガティブに語られることが多く、なんだか気持ちが暗くなる人も少なくないはずです。**歳《とし》を重ねることがマイナスもしくは良くないこと**と感じさせる情報も少なくありません。

はたしてそうでしょうか？

年齢を重ねていくのは、そんなに気持ちが滅入《めい》ることなのでしょうか？

ふと気づくと、時代は本当に大きな変化を迎えているのがわかります。

特にこの二十数年間で世界中に広まったＩＴ技術は、これまでの時代では見えなかった情報さえ、包み隠さず私たちと出会うきっかけを与えてくれます。と同時に、私も自分の**オフィシャルブログ**「**鶴日和**」を通して、日々のちょっとした思いや近況を表現しているように（ＵＲＬは下記参照）、昔では考えられなかった個人の情報発信

※片岡鶴太郎オフィシャルブログ「鶴日和」https://ameblo.jp/tsurutaro-blog/

も、難なくできる時代を技術が作ってくれたのも事実です。受動的から能動的になった「メディア」は、時に人間の可能性を大きく引き出してくれるツールでもあるといえるでしょう。

そのようなさまざまな現実に驚いている私自身、昨年で63歳となりました。先にふれた話題でいうなら、「高齢者」と呼ばれる年齢です。

しかし、チャレンジする気持ちは、萎えるどころか年々高まっています。もちろん「あれも、これも」と目移りしながら、やたらめったら手を出すような勢いではなく、自分という器（身体《からだ》）や感性や思考に、さらに磨きをかけるような、深めてゆくイメージで物事をとらえている自分がいます。

還暦を迎える2014年8月からは画業20周年を記念した「片岡鶴太郎展　還暦紅」を開催。これは3年もの間、全国各地で開かれ、2017年は久しぶりに「上野の森美術館」でも開催、たくさんの方々が来場してくださいました。

「鶴が上野に還《かえ》ってきた」

というキャッチコピーに、東京生まれ東京育ちの私もなんだかうれしくなり、絵を描くことをやめずに続けてきた自分自身にねぎらいの思いを抱きました。

テレビのレギュラー番組を10本も抱えながら目まぐるしく動き回っていたお笑い芸人時代から、プロボクサーのライセンスを取得しつつも「俳優」の仕事にのめり込んでいった80年代、タモリさんの影響から絵を描くことに目覚め、画業に開眼した90年代、2000年に入ってからは書道にもチャレンジし、2015年には「書道の芥川賞」といわれる第10回手島右卿賞をいただきました。

そして50代後半だった2011年、運命的な出会いから「ヨーガ」のすばらしさを知り、60代に入ってからは、毎日を尊く味わいながらも日に日に精神が輝きを増し、外側の騒がしさとは反比例するように、内面には「静けさ」が広がっていきました。

この「静けさ」こそが、私の想像力を掻《か》き立て、チャレンジする行動力へと結びつけてくれるのです。まるで、思いを深める「静けさ」と、アイデアを行動へと移す

「激しさ」の両方を、歳を重ねるたびに手に入れている気持ちです。

「それは、鶴太郎さんだから特別にできることでしょう？」

いえいえ、そんなことはありませんよ。

若いころはコンプレックスの塊だった私が、人様に誇れるような天賦の才能など、まったくもち合わせていないのが正直なところです。ひとつだけ自慢できることといえば、

「あきらめずに続けること」。

人生をふり返ってみますと、それだけはけっこうド真剣にがんばってきたような気がします。「負けん気が強い」というと語弊があるかもしれませんが、自分のコンプレックスをバネに、縁のあったことにチャレンジしてきた自分がいました。飽くなき探求心を掘り下げながら、どの仕事にも全力を注いで向き合ってきました。

本書でもふれますが、若い時代は新しさを求めていた「新化」から次のステージを

目指す「進化」へ、そして歳を重ねながら自分自身を深めていく「深化」から「真化」へ——内面の「静けさ」を重んじながら毎日を丁寧に生きていけば、年齢を重ねることは豊かなことだと誰もが気づくはずです。

そして、豊かさを知る過程で、自分を創り上げていくものが、外から与えられるものの中にあるのではなく、すでに自分の内側に存在していることもわかるようになるのです。深めれば深めるほど、真を感じれば感じるほど、生きている豊かさがわかります。

自分を見つめて自分を信じ、自分を認めて正直に生きること。
加齢してゆく現実に抗《あらが》うことなく、流れに任せる水のごとし。
あとは、いかにしてそれを磨き、より自分を深めていくことで、物事の本質がわかり、「静けさ」を手に入れることで、日々見える景色までもが変化することも実感しました。

私は同時代を生きている、特に40代後半以上の方々に向けて、この本を書こうと思い立ちました。『論語』を説いた孔子が生きていた時代には、

「四十にして惑わず」

と語られていたようですが、人生の時間が100歳にまで延びようとしている今の時代に、40代を迷わず、悩みもなく生きることは至難の業。先にも書いたように、世界中のいろいろな出来事や情報がわかるようになった時代だからこそ、問題や悩みの質も、昔とは比べものにならなくなっているのではないでしょうか。

男の更年期障害を体験してわかったこと

今でこそ、ゆったりとした気持ちで毎日を生きている私ですが、50歳を迎える手前の48歳のころは、けっこう沈んだ心の状態が長く続きました。何をやっても、誰といても孤独な気持ちが湧いてきて、自信がもてない。

確かに、現実的には40代は絵をいちばん描いていて、それなりの評価もいただいたので、傍《はた》からすれば表面的には充実しているように見えていたのかもしれません。しかし、絵を描いていることがあたり前になってきて、

「この先どういうことがあるのか、何か目新しいものはあるのか？」

と心が不安にさいなまれてしまう。自信がないから自分を否定する。そして怖いから逃げようとする。人様を恨み、羨ましがって自分を卑下してみたり。人様は何もいっていないのに「オレのことを変に思っているぞ、口には出さないけれどそう思っているに違いない。あの目はそう思っている目だ。きっとそうだ！」と思い込み、被害者意識を抱きながら勝手に傷ついていました。

その当時、マスコミでもよく「男の更年期障害」が話題になっていました。

女性の場合、45歳から50歳あたりで閉経が近づくとホルモンのバランスが崩れ、心身ともにさまざまな症状に悩まされるようです。もちろん、すべての女性が更年期障害を経験するわけではありませんが、「ホットフラッシュ」と呼ばれる体温の上昇や

ほてり、発汗やめまい、頭痛、悪寒など、個人差はありますが起こる人は多いもの。

男性の場合は、女性と似た症状の他に、筋肉や骨の痛み、睡眠障害、集中力の低下、抑うつ、不安、倦怠感《けんたいかん》を体験します。私も似たような状態でした。

40代後半から50代になると、下からは若くて元気いっぱいの人たちが上がってきますし、上は上で大御所と呼ばれる人たちがドンとかまえているので板挟みになります。閉塞感といいますか、上にも下にも行けない、新鮮な空気が吸えないような状態です。

あのころ「これは、やばい……」と思って、30代前半の一時期に通っていたボクシングジムを再訪。思いきり身体を動かしてみたことがありました。

詳しいことは本文にゆだねますが、トレーニングをしているときは、メニューをこなすことで精いっぱいですから、当然「無」になって頭の中も空っぽ。自分の肉体や体力と語り合いながらやっているので問題ありませんが、やっかいなのはそのあとジムのお風呂に入って心身ともにゆったりしたときです。

「さて、一日も終わりだ。帰ってからは何をしようか……」

そう考えると、急に寂しさや悲しみが湧き上がってきます。今日は誰とも話していないな、とか、誰からも電話がなかったな、とか。普通に考えれば、そういう日くらい誰にでもあるものですが、妙にそこが気になってしまって、思考がネガティブな方へと動いてしまう。気分が沈んだまま眠ることもしばしばでした。

あの数年間は、精神的に苦しみながらも、たくさんの読書をしたり、映画を観《み》たり、音楽を聴いたりしながら内面を深める時間でした。もちろん、俳優や画業の仕事はしっかりこなしていましたが、誰にも相談できなかった苦しみは、きっと同世代、もしくはそのような同じ時期をくぐり抜けてきた人にしかわからないかもしれません。

もっと「心を深める人たち」に増えてほしい

歳を重ねていくということは、日々劣化していく自分と向き合うことでもあります。人間は、生まれたとたんに酸化しながら死に向かいますから、できなくなることだって、たくさん表面化するもの。肌のしわも増え、髪の毛だって薄くなるでしょう。

若いころのように何日徹夜しても遊んでいられた体力もなくなります。脂っこいものを食べると胸やけしたり、普段より少し多くの運動をしただけで筋肉痛がなかなか消えなかったり、物覚えが悪くなるだけでなく物忘れが激しくなったり……。今までできたことが、できなくなる方が多くもなるでしょう。

しかし、**できることを、もっと深められること**も忘れないでください。

深めることによって、できることのバリエーションも増えていき、そこから新しい知恵や、人とのご縁が広がっていくこともたくさんあります。

ようはもののとらえ方、見方ひとつで、今置かれている状況の中で自分がどのように感じ、思い、振る舞うかも変わっていくものなのです。それによって行動も変わりますから、必然的に出会う人だって変化していくでしょう。

日本の超高齢社会と同様、世界でも人生100歳時代と騒がれるようになりました。世界を見回しても先進国では平均寿命が上昇中です。それに伴って、人生に必要な価値観や常識、時間の使い方の変容が迫られているような気がします。どこの国でも「生きることへの見直し」が始まっています。

世界中のいろいろなものが見えるようになってくればくるほど、おもしろいもので、人々の意識が向かう先は「私」という個人への探究です。知りたい欲求のまま、外へ外へと広がっていた意識は、ヨーガや断食、呼吸法や瞑想《めいそう》、ストレッチにジョギングなど、集団で行う種目ではなく、一人で集中して取り組む行為へと向かい、

「自分を探すことから、自分を深めることへ」
まさしく「進化」から「深化」へと向かっている気がしてなりません。

最近の私は、一人きりでかなりストイックに生きているイメージがあるようですが、還暦を数年過ぎて、より人生の奥深さを感じながら生きているのが現状です。私の体験の中から「静けさ」をテーマにした本書が、人生をより楽しむ人たちのお役に立ってくれればうれしく思います。

片岡鶴太郎

目次

心の中に「静」をもつ

第2章 ヨーガが私に教えてくれたこと

第3章
誰にでもできる身体の声の聞き方

第4章

食べることは「生き方」そのもの

第5章

人生の時間は自分で決める（125歳宣言）

ブックデザイン　萩原弦一郎（256）
本文DTP　ジェイアート
写真　小澤義人　※料理写真は除く
出版プロデュース　竹下祐治
協　力　新岡義章（太田プロダクション）
編　集　鈴木七沖（サンマーク出版）

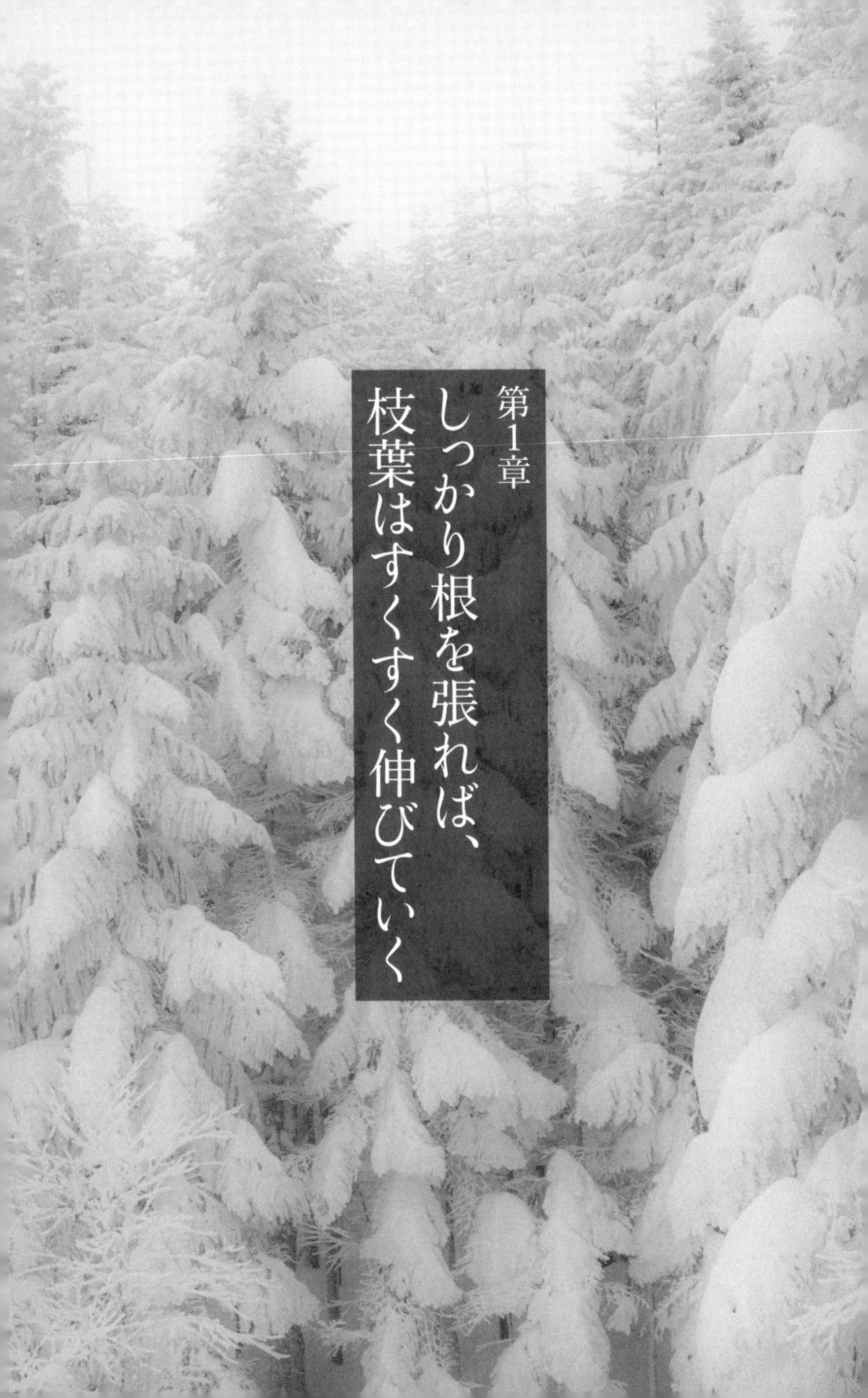

第1章 しっかり根を張れば、枝葉はすくすく伸びていく

「鶴太郎さんは、いろいろなことをやっていますね」
と昔からいわれます。「多才な人ですね」とも。
でも、ちょっと待ってくださいね。
私に先見の明があったわけではありませんが、
少しずつ、自分の可能性をいろいろな場所で発揮する人、
あなたのまわりでも増えていませんか？
ひとつのことを極めながらも
自分の可能性があるものにチャレンジする人たち。
私は思います。
樹木と同じように、しっかりと根を張れば、
枝葉はすくすく伸びていくものです、と。

魂が歓喜するままに

人は大人になると、社会人として一定のルールを重んじながら、結婚をしたり、家族を養うための生業に就かなければならなかったりするものですが、私はひとつに絞ることを選択せず、根っこはしっかりと大地に張ったまま、自分の可能性を信じながら枝葉をどんどん伸ばしてきました。

昔からそのような体質だったのでしょう。お笑い芸人、ボクサー、俳優、画家、書家、そしてヨーギ（ヨーガを実践する男性の総称）……。表現は異なっていても根っこはひとつ。「魂の歓喜」です。

常に根っこにあるもの、つまり私の「魂」が求める、「魂」がよろこぶような人生でありたい。自分自身を鍛えてもっともっと深く人間として生きていきたい、いつもそう思ってきました。それこそが今の私にとって、役者や画業を極めることであり、日々「ヨーガ」を実践し続けることでもあるのです。
「魂」とは、決して宗教的な意味合いのものではありません。自分の「根源的なエネルギー」とでもいいましょうか。自分に正直に生きれば生きるほど、「歓喜する感覚」は誰でもわかると思います。

すぐ人の意見に左右されたり、自分の意思でいろいろなことが決められなかったりする人は、なかなか自分自身の「魂」がよろこぶ感覚がわからないのかもしれません。身体《からだ》に良くない不自然な食べ物ばかりを口にしていると、そのうち味覚障害になってしまうのと同じように、「魂が歓喜」するためには、そのための感性だったり、感情だったりを常日頃から自分でしっかり鍛え、客観視できることが必要です。

「はじめに」でもふれましたが、50歳を迎える手前で「男の更年期障害」を体験したとき、年齢を重ねるにつれ、自分の中で変えてはならないもの、逆に流れに任せて変えなければならないものがあることを知りました。不安になったり、迷ったり、悩んだりを体験した私は、ある人との出会いから、その大切さを身にしみて感じたのでした。その人とは、漫画家のいわしげ孝さん。うれしいご縁でした。

いわしげさんは、漫画家として人気の高い方でした。俳人・種田山頭火の生涯を描いた『まっすぐな道でさみしい　種田山頭火外伝』（モーニングKC 講談社刊）や第31回小学館漫画賞を『ぼっけもん』（ビッグコミックス　小学館刊）で受賞、人柄も良く、互いに同じ1954年の12月生まれということから親しくなりました。

彼とは何度か手紙の交換をしたあとに、電話で話してから会うことを約束しました。

「お互い12月生まれだから、年内で50歳になりますよね。年明け早々に、ぜひお会いしませんか？　50歳のお祝いも兼ねて」

「けっこうですね」

「では、お店が決まりましたら、お電話します。携帯電話のご連絡先をうかがってもよろしいでしょうか？」

「実は私……、携帯電話をもっていないんです。アトリエの電話とファクスしかありません」

時は2005年、すでに世の中にはパソコンや携帯電話が広がっていました。ところが、互いに50歳になったばかりの私たちの世代では、まだもっていない人も少なくありません。仕事柄すでに使っていた私は、人気の漫画家がまだ不使用なことに驚きましたが、よくよく考えたらわからなくもない。流行に敏感な世代でもなし。

「そうですか。それではお店が決まりましたらファクスします」

と伝えて電話を切りました。

そして年が明けて約束の日の1月14日。2人でフグを食べに行きました。

「はじめまして、鶴太郎です」

「はじめまして、いわしげです」

初対面の挨拶もほどほどにして席に着いた私たちでしたが、向かい合って座ったいわしげさんを見てみると、なんともっていないはずの携帯電話をポケットから取り出し、ぽ〜んとテーブルの上に置いているではありませんか。


「あれ？　いわしげさん、携帯……」

「はい。鶴太郎さんにいわれて、私も今年から携帯電話をもつことにしました。やはり便利ですね。鶴太郎さん、メールはおやりになりますか？」

「えっ、いいえ。私はメールはできません」

「鶴太郎さん、メールをやりましょうよ。いいですよメールは。携帯電話を購入して、すぐ娘に教えてもらいました。とても便利です」


携帯電話の便利さに気づいて、早くから所有していた私ですが、メールのやり方は知らず、食わず嫌いな感情からか、やろうとも思っていませんでした。しかし、昨年末に話したときには携帯電話すらもっていなかったいわしげさんが、年末か年始に手続きしただけでなく、すでにメールにまでチャレンジされている。いきなり先を越されていました。

「はぁ、でもねぇ……」

恥ずかしながらためらっている私に、いわしげさんはきらきらした目で大切なことを語ってくれたのでした。今思えば、ほんのささいな携帯電話とメールの話がきっかけで、当時の悩める私が開眼できるチャンスをいただけたのです。

本当の勝負は50歳から

「昨年末、鶴太郎さんと話したとき、私は携帯電話すらもっていませんでした。ところがもともと50歳になったらもってみようとは思っていたのです。なかなか一歩が踏み出せませんでしたけどね。でも、話題になっているもの、ブームになっているものを否定して自分の目をふさいでしまったら、50歳を境にダメになっていくと感じていました。鶴太郎さん、『不易流行』ですよ『不易流行』」

「不易流行？」

「ええ、不易流行。これは江戸時代の俳諧師・松尾芭蕉の言葉です。不易とは変わらないこと、不変的なことです。人は生まれ、やがては死んでいく。これは絶対的に変わらない、不易です。それとは反対に、日々刻々と変化していくもの……たとえば人の心、景色、流行など。この、変わらないものと変わっていくものの二つを常に併せもつこと。これが大事なんだと、江戸時代に活躍した芭蕉は説きました」

その言葉に衝撃を受けた私は、後日、「不易流行」の真意を調べてみました。

もともとは芭蕉の弟子である向井去来が、芭蕉からの伝聞や俳諧の心得をまとめた書『去来抄』の中に記した言葉でした。

「不易流行其基一也」

※不変の真理を知らなければ基礎が確立せず、変化を知らなければ新たな進展がない。しかも、両者の根本はひとつである。

「この先どうなるんだ、何が起きるのか……」

そんな不安にさいなまれながら、あのころは目の前に迫る50代を受け入れないように、自らがガードを張っていたのかもしれません。変化していくことへの恐れや拒絶、身勝手な孤独から被害者意識を抱いていただけなのかもしれません。


いわしげさんは言葉を続けてくれました。

「鶴太郎さん、お互いにこれで50になったから、本当の勝負はね、ここからですよ。50歳から。この50代をどう過ごすかで、大きな差がつきます。僕はまだ全然、負けたつもりはありませんよ。優秀な後輩の漫画家なんていっぱい出てきますが、これからですよ」

私はいわしげさんの言葉を吸い込まれるように聞きながら、感動していました。

「鶴太郎さんも『これからだよ！』って、そう思っているでしょう。だから、新しいものや流行を、絶対バカにしちゃいけません。歳《とし》をとると自分の知らないことや興味のないことに耳を貸さなくなる。特に流行とは隔たりが出てきます。流行をバカにしがちになるんです。これが、いけません。流行をバカにしてはいけない。バカにするから否定的になる。老害のいちばんの理由です」

否定するから殻に閉じこもる。殻に閉じこもるから孤独になる。孤独になるから人を妬んだり、恨んだりする。そして悪い波動になってうつに陥る……。そうか、やはり否定的というのは良くない。すべてを肯定的に受け入れ、前向きな姿勢で物事に対処することが必要なのだ……私はそのような気づきを手に入れていました。

「それでは、ゆうこりん、知ってますか？　ゆうこりん（笑）」

笑いながら、そんな会話をしたのが昨日のことのようです。

「わかりました。メールをやりましょう。今日帰宅してから、さっそくがんばって、いわしげさんにメールします！」

家に帰った私は、悪戦苦闘しながらも、

「更年期障害を乗り越える大きなきっかけをいただけたことに感謝申し上げます」

という旨のメールを送りました。不易と流行、その二つをもつこと。いわしげさんとのご縁をつむいでくださった神様に深く感謝しました。

残念ながら2013年の3月、いわしげさんはこの世でのお役目をまっとうされ、天に召されました。享年58歳。残念でなりませんが、50代になって、本当にいい友を得たと今でも思っています。

毎日同じことをやると見えてくるもの

57歳でヨーガと出会ってから、私の人生は大きく変わりました（ヨーガのことは次章に詳しく書きます）。50歳を過ぎて、年々高まっていったのが、

「自分の哲学をもちたい」

ということです。ボクサーというアスリートもそうですが、芸人も役者も画家も、一

流と呼ばれる人は、自分が生きていくうえでの哲学というか、道しるべといいますか、信じる「生き方の軸」をもっている。自分の人生をしっかり生きるための指針です。

40代後半から悩める時間をたくさん過ごしてきた私は、ようやくヨーガとインド哲学に出会ったときはたまらない気持ちになりました。水を得た魚のように知恵の大海原に飛び込んだのです。そこには、揺るがない叡智《えいち》が宝物のようにありました。

とはいっても、なにもインドを旅行したり、さまざまな文献を読みあさったりと、そのように行動しまくることではありません。実際はその逆。静かに静かに、ただ静かに学びを深めていきました。淡々と、淡々と……同じことをやり続ける日々。

信頼できるヨーガマスターとの出会いを経て、ヨーガを実践することが私の日常となりました。

一般の人たちがようやく寝静まる午前1時ごろに起床。春夏秋冬どの季節にかかわらずまだ真っ暗な空を横目に、１杯の白湯《さゆ》をゆっくり口に含みながら一日の始まりと静かに向かい合います。温かな液体が喉元を過ぎて食道を通過し、内臓へとしみ込むように伝っていくのがわかります。

それからヨーガを約4時間。決まったメニューをこなします。毎日毎日、ただ同じことをやり続けるのです。ヨーガと出会った57歳からこの本が出る63歳まで、一日もかかさず同じことをやり続けてきました。

毎日毎日、ヨーガをやることがとにかく楽しいのです。

普段、私たちの生活のほとんどは、外の世界との接触から成り立っています。これはある意味あたり前のことで、誰もがなんらかのグループや学校、会社に所属しながら、その環境の中で生きているわけですから。その場所で自分自身の立ち位置や存在理由を表現しながら生きています。

そこでは対外的な目、つまり他人様の視線なども加わってきて、心情や精神が揺れ動いてしまうことがほとんどですが、これは仕方ありません。そうやって混ざり合いながら、人は成長していくのが当然だと思われています。

ところが、ヨーガを始めてからの私は、できる限り一人の時間を作り、日々同じ生活リズムを楽しむようにしました。自分の身体、自分の心と向き合って同じリズムの中で自分を観察してみたのです。

常に同じリズムを味わいながら、内側を掘り下げていく。毎日毎日休みはありません。すると同じことをやっているがゆえに、微妙な変化を身体も心も見逃さないようになります。反復する中で見えてくる差異を見逃さなくなるわけです。

米国大リーグで18年目の活躍にチャレンジするイチロー選手。彼は毎日誰よりも早くスタジアムにやってきて、決まった同じメニューをこなすのは有名な話です。ゲーム中も自分に打順が回ってこないときは、ロッカールームへと続く通路に置かれた彼専用のマシンで身体を鍛えています。常に筋肉をしなやかな状態に保つためです。ご本人に訊《たず》ねたわけではありませんが、おそらくイチロー選手も、ルーティーンの中で生じる微妙な身体の変化を察知しているのでしょう。

毎朝のヨーガを5年以上もやり続けていると、心身の微妙な変化がよくわかりますし、健康体の精神と肉体を朝の数時間でグッと引き上げることもできます。ひらめきや直感も冴《さ》えてきて、そのときふと浮かんだアイデアを忘れないようにとLINEでスタッフに送る。「これとこれとこれ、調べてね、お願いね」みたいに。たまにまだ起きているスタッフから返事が来たりします(笑)。

そのときの感触は、「ピンッ」というよりは、「ふ〜っ」とくるような、湧き上がってくる感覚に似ています。心身ともに静かな時間の中で、同じように静かにたたずむ感覚が脳内にしみわたる感じです。

これは特別な感覚でもなんでもありません。本来なら誰もがもち合わせている感性というか技術だと私は思います。しかし、現代社会の中で、あまりにもたくさんのことが便利になりすぎたゆえに、私たちはいつの間にかもっている感覚や感性を忘れてしまっているのでしょう。

「腹の主」の声を聞き分ける

私は昔から、けっこう自分の直感や感覚を信じて生きてきた人間です。

これは私の持論ですが、本来、人間は他の動物と違って、思慮深く物事を観察したり、それを言語などに置き換えて表現したりする術《すべ》をもち合わせた生き物です。なので、10人いれば10人の感性があり、表現があるもの。

現代の生活だと、外側の環境から影響を受けすぎて、なかなかそれを実感として受け止め、表現できる人は多くないですが、少しずつ自分と向き合って、本当の自分と出会う人は増えてきたように思います。ヨーガを実践する人しかり、瞑想《めいそう》や断食や呼吸法など、以前とは比べものにならないほどの盛り上がりです。

私は物心ついたときから、自分の内側の「虫の知らせ」のような感覚を大切にしてきました。私なりの言葉で置き換えるなら、それを「腹の主」と名づけています。

「腹の主」はいろいろなことを教えてくれます。幼少期なら、親に隠れてやっていたいたずらが過ぎると、幼心に「そろそろ危ないぞ」と腹の主が教えてくれます。

人間関係などはわかりやすいほど胸騒ぎがして予見できます。芸人から俳優、プロボクサーに画家……頭で考えたら、どれもこれも中途半端にならないかと、そこにチャレンジすることは高いリスクを負うことになりかねません。

お笑い芸人からボクシングをやったり、俳優の仕事を増やそうと思ったりしたとき、所属している芸能プロダクションの社長からもよくよくいわれました。

「なんで鶴ちゃん、わざわざ痛い思いをして、つらい思いをしてもやるの？　今から2年先までスケジュールが決まっているんだよ。『オレたちひょうきん族』の流れでさ、ぽちゃっとしている鶴ちゃんのまま、ど〜っと行けるじゃない。今の商品価値を壊してまで、腹筋鍛えて、顔も細くなって、ものすごくリスキーだと思わない？」

親心から親身になって助言してくださいましたが、ほとんど聞く耳をもちませんでした。「腹の主」が私に変化を求めてくるのです。

芸人も私の表現ですが、プロボクサーになるのも、俳優として役柄を演じるのも、絵を描くのも、すべて私の表現の一端ですし、どれもが呼吸と同じ。

「吐く息と吸う息、どちらが好きですか？」

と聞かれても答えられないのと同じです。吐く息が絵であれば、吸う息は俳優かもしれません。絵だけやっていても吐いてばかり、今度は息を吸いたくなるでしょう。

たとえば、映画における俳優の仕事というのは、総合芸術なので、監督や助監督、大勢のスタッフの中に共演者の方々もいらして、チームワークが大切になってきます。オーケストラに置き換えるなら私はひとつの楽器ですから、それぞれが奏でるハーモニーが重要になってきます。

ところが絵を描く作業となるとまったく別です。今度はどちらかというと私の中にある精神世界のような抽象的なものと向き合うことになります。日々の生活の中で動いた感性や気持ちが「シード＝種」のようなもの、可能性を秘めた一粒になります。まだ芽が出る前の形の「シード」をいかに感じとって、絵を描くという行為で表していくか。いくつもの「シード」は出たがっているので、いかにして吐き出すか。「私」という主体が生み出していく作業です。

集合体の中で演じるチームプレーと、私一人が監督であり、スタッフであり、演じる人間であるという独りきりの画業の世界……。呼吸でたとえましたが、それは「陰陽の世界観」にも通じると思います。

陰陽のバランスで種を蒔くように

生きていくうえでの哲学を求めていた私ですが、「陰陽の世界観」にも早くから惹《ひ》かれていました。陰陽とは、中国の易学でいわれている「宇宙の万物を創り、支配する二つの相反する性質をもった気」のことをいいます。「太極図」を見たことがある方も多いでしょう（43ページを参照）。

黒い部分が陰、白い部分が陽を意味しています。左右が対称であり、黒い陰の中に

陰極まれば陽となる

も陽の要素があり、白い陽の中にも陰の要素があることを表しています。女性と男性、月と太陽、影と光、冷たいと温かい、吐く息と吸う息、小さいと大きいなど、それぞれが陰と陽でありながら、二つでひとつの世界観を表現しているものばかりです。

私が「腹の主」の声を受け止めながら、自分で「これだ！」と感じたものにチャレンジしていくのは、そんな陰陽の世界のバランスにも似ている気がします。

本来、私たちは誰もが無限の可能性をもっているといわれています。ひと昔前なら一芸に秀でることが美学だったり、ひとつの仕事を生涯にわたってやり続けることが良しとされたりしてきました。もちろん、それはすばらしいことですが、自分の内面としっかり対話をして、どうしても自分がやらずにいられないものに関しては、どんどんチャレンジすればいいと私は思っています。

自分の心や精神の根っこがしっかりしているなら、元気な枝葉をすくすくと成長させていけばいい。自分がもっている「シード＝種」に気づいたなら、耕した大地に蒔《ま》いて育ててみればいい。今の時代は、自分の可能性をどんどん広げられる時代でもあります。セルフプロデュースをするためのツールや技術だってたくさんある。自分でできるファン作りやコミュニティー作りも難しくありません。

まずは、ご自分の内なる声に気づき、耳を傾けることです。

自分の力で「シード」を蒔いてみるのです。

あなたは自分を信じていますか？

突然ですが、ちょっと次のような質問をさせてください。

私自身、いつも自分に投げかけている問いです。


「あなたは、毎朝幸せに目覚めていますか？」

「あなたは、一日の中で、どんな食事をとっていますか？」

「あなたは、本当に愛している人がいますか？」

「あなたは、愛されていますか？」

「あなたは、感謝する心をもっていますか？」

「あなたは、正直に生きていますか？」

「あなたは、魂が歓喜することはありますか？」


いかがですか？

これらの問いかけに対して、すんなりと答えられるようになるための方法があります。なんだと思いますか？　それは……、

「自分を信じる」

ということです。この本を読んでくださっている皆さん、一度このようにご自分に問いかけてみてください。心の中で10回くらい、自問自答してみるのです。

「自分を信じていますか？」

「自分を信じていますか？」

「自分を信じていますか？」

「自分を信じていますか？」

「自分を信じていますか？」

「自分を信じていますか？」

「自分を信じていますか？」

「自分を信じていますか？」

「自分を信じていますか？」

「自分を信じていますか？」


最初の3〜4回は声に出して、残りを心の中で静かに唱えてもいいでしょう。できれば静かな空間の中で、一人きりで試してみてください。

自分の中にある「シード＝種」に気づいていない人はたくさんいます。自分の人生を生きているようで、実は人様の人生をなぞるように生きている人も少なくありません。自分の言葉で、自分の意見をいっているようで、実は誰かの言葉を自分の思いとして話していることだって、あるでしょう。知らず知らずのうちに、自分にウソをついてしまっている人もいます。

やはり私は思うんです。自分のことをどこまで信じて生きているのかがものすごく大切だってことを。そこの確認を真剣にやっていただきたい。

もちろん、気づいたシードを蒔いたことで、一時的でも真っ暗なトンネルに入ってしまうときだってあります。私もそうでした。特に慣れない初めてのことにチャレンジするときは、いつもそうです。

天性の才能があればまだしも、そんなものは一欠片《ひとかけら》もなかった私は、とにかく努力を続けて続けて続けて、継続する中で少しずつ感触をつかむしか術がありませんでした。練習に練習を重ね、反復に反復を重ね、ようやくちょっとの自信を手に入れる。真っ暗闇に、小さな光を見つけるようなものです。ところが、

「間違いない、間違いない」

心に刻むようにそう思いながらも、どうしても迷いが頭をもたげてしまうときがあります。一度や二度ならず何度も。でも、そういうときこそ、心の中で繰り返し刻むようにいいます。

「絶対に大丈夫。自分を信じろ、信じなきゃダメだよ」

みんな、なりたい自分になれるはず

私の経験からいうなら、不安や恐れのような気持ちがあったとしても、ひとつ突破した感触を忘れなければ、他のことをやっているときにも成功体験は応用できます。真っ暗なトンネルを抜けられた感触は、それが大変であればあるほど、強い自信となって残るものです。

自分を信じていても、どこかで疑うこともある。でも、疑っちゃダメ。疑ったとたんに集中力が途切れて、魔が差します。魔が差すとは、気が抜けることです。気を抜くと魔が入ってしまう。

ですから、一回決めたならば絶対に疑わない。自分を信じること。そして、こういい聞かせてください。

「（魔に向かって）いや〜、あんた何いってるんだよ。絶対に、絶対に大丈夫だって。オレさ、一回いったことは必ずやるだろ？　バカやろう！　お前らが入る隙なんてないんだよ。ふざけるなよ！」

物事を到達させるときには、乗り越えなければならないことがたくさんある場合だってあります。心が弱ることもしばしばです。そんなときこそ装うんです。大丈夫な自分を装う。それって「ディフェンス」ですよね。自分を守る鎧《よろい》のようなもの。でも、ディフェンスが最大のオフェンス（攻撃）になることだって大いにあります。

皆さん、信じていないと思います。なりたい自分になれるんだってことを。突破できた体験をひとつでも味わうと、信じている気持ちがさらに強くなり、自分がやりたいと思う違う分野にでも応用できるんだってことを。

「絶対に大丈夫だから、ここから離れるな！　どんなに苦しくてもここから目を離すな！　どんなに苦しくてもあきらめるな！　必ず自分が思う成功にたどり着けるから。はい！　元気にやりましょう」

鶴からのメッセージ１

＊「魂の歓喜」が感じられる自分でいよう

＊「不易流行」でものの流れをとらえよう

＊自分の「哲学＝生き方の軸」をもとう

＊同じリズムを味わいながら内側を掘り下げよう

＊自分の内側の「虫の知らせ＝腹の主」の声に耳を傾けよう

＊「自分を信じているか？」と自問自答しよう

＊いつも「大丈夫だ！」と自分にいい聞かせよう

第2章

ヨーガが私に教えてくれたこと

私がヨーガと出会ったのは57歳のとき。
とにかくうれしくて、楽しくて、
6年間、休むことなく毎日続けても
まったくあきることがありません。
それよりも、ヨーガをすればするほど
毎日新しい発見があるから驚きです。
自分自身の身体《からだ》が尊く感じられるだけでなく、
生きていることそのものに感謝が湧いてきます。
ヨーガが私に与えてくれることは、
まだまだ味わいきれない甘美な気づきと
奥深い「魂の歓喜」そのものなのです。

ヨーガを始めた理由は偶然の出会いから

心の中に「静《せい》」をもって、新しいことにも臆することなくチャレンジしていくと、必ず次のステージに進むための〝大いなるギフト〟が待っています。ヨーガとの出会いはまさに、私にとっての〝すばらしい贈り物〟でした。

その出会いは今から5年ほど前、57歳のときです。

テレビ朝日の2時間ドラマ「終着駅シリーズ」の収録現場で、休憩のときに共演者の秋野太作さんとたわいもない話をしていました。

話題がセリフのことになったときに、長いセリフを覚えるのが年齢的にだんだん苦しくなってきた私は、11歳年上の秋野さんはどうしているのかと思い、「長セリフを覚えるのって大変じゃないですか？」と聞いてみました。

すると秋野さんは「いやいや、でもね、〝瞑想《めいそう》〟をやっていると、意外と長セリフを覚えるのも苦じゃなくなるんだよね」といいます。

私はそれを聞いて、ものすごく驚きました！

実は、数年前から〝瞑想〟に興味が湧き、密《ひそ》かに「誰か教えてくれる人はいないか？」と探していたところだったのです。


なぜ私がそれほど瞑想を学びたいと思っていたかというと、私が尊敬する人たちの多くが**瞑想の実践者**だったからです。

具体的にあげると、まずはブッダに空海。中村天風。ミュージシャンだとビートルズ。俳優ならクリント・イーストウッドさん。経営者だと松下幸之助さんに稲盛和夫さん、スティーブ・ジョブズさんもそうです。

「瞑想」とひとことでいってもいろいろな種類や目的があります。

聖なる存在とつながるために行う瞑想もあれば、呼吸に合わせて一心に数をかぞえたり、マントラや念仏を唱えたりしながら気持ちを高めていくやり方もある。目的も、集中力の向上から気分を落ちつかせるためだったり、深い洞察力や叡智《えいち》を手に入れるためだったりとさまざま。日本でも「内観」や「禅」「ヨーガ」といろいろなものがあって、欧米では「メディテーション」という総称で呼ばれるため、一緒くたにされて誤解が生じる場合もあります。

私の場合は、人生の哲学的な指針と出会いたかったことと、自分の中に「静けさ」がほしかったのが大きな理由でした。

秋野さんとはもう古い付き合いなのに、瞑想をやっているなんて初耳です。思わず「ええ〜、聞いてないよ〜（笑）。どうして今まで黙っていたんですか？」というと、「いやいや、誤解されることも多いから、あんまり人にいわないようにしてたんだよ。それより鶴ちゃん、興味あるの？」と聞くので「ものすごくありますよ！」というと、翌日、ある1冊の本をもってきてくれました。

そのタイトルは『私、瞑想者です』（太田出版刊・現在は絶版）。秋野さんが書かれた本です。

家にもち帰ってあっという間に読破した私は、さらに瞑想というものに興味が湧きました。そのことを秋野さんに伝えると、「じゃあ、いい先生を紹介するよ」といって紹介されたのが、ヨーガのマスター、ヴェーダプラカーシャ・トウドウ先生だったのです。

さまざまなイメージや側面をもつヨーガの奥深さ

トウドウ先生は瞑想・ヨーガ指導歴36年以上の経験をもち、現在は指導の傍らでインド政府公認のヨガ検定の試験官や、マントラやヒーリングのCDの企画・制作など、さまざまな活動をされている方です。

一度お会いしてその温和なお人柄にふれながら、取り組まれている姿勢や思いの深さを感じれば、「ああ、この人は本物だ！」とわかるのですが、その前に、私にはある心配がありました。それは「もしかしたら、洗脳されるんじゃないか」ということ。

当時、サリン事件や拉致事件など、多くの問題を起こしたカルト教団が信者に瞑想やヨーガを指導していたことから、どこかそういうことにネガティブなイメージをもっていたのかもしれません。

ですから一応、念のために、家族やマネジャーなどには「あなたたちから見て、〝ちょっとこれ、やばいぞ〟とか、〝いかがわしいぞ〟っていうことがあったら、オレのことを止めてくれ」といって、洗脳されたときの対処を考えていました。今となってはまったくの笑い話ですが。

そうした暗いイメージがある反面、多くの方がヨーガと聞いて連想するのは、若い女性が美容やダイエットなどを目的にしてやる、独特な体操やポーズなのではないでしょうか。

確かにそれもヨーガです。ただ、それはヨーガのほんの一部でしかありません。

近年はその一部分だけが大きくクローズアップされ、さらに今風のオシャレな雰囲気に洗練されて、多くのセレブたちが愛好したことから話題になり、世界中で大ブームになりました。

また、それとは逆に、「ヨーガ」と聞くだけで何か宗教的なイメージを抱いてしまう人も少なくない。恐ろしいですよね。人間のイメージはなかなかぬぐうことができません。日本には、まだちょんまげを結って刀を下げているサムライがいると、今でもステレオタイプのイメージをもっている他国の人がいるのと同じです。

実際には、ヨーガには8つの〝部門〟があって、多くの方が「これがヨーガだ」と思っているのは3番目の「座法（アーサナ）」のことであり、その他に戒律や呼吸法、浄化法などがあって、それらを通していわゆる「悟り」や「合一」を目指すのが、本来のヨーガなのです。

最初、私は「瞑想」がやりたくてトウドウ先生に相談しましたが、ヨーガの中では「瞑想」だけが独立しているわけではなく、大きな流れの中に「瞑想」も組み入れられているとのことでした。

ヨーガの〝8つの部門〟とは？

「ヨーガ」に興味のない方には難しく感じるかもしれませんが、「ふ〜ん、そういうものなのか」くらいの気持ちでお読みください。

実際にはヨーガにもさまざまな流派があり、さらには紀元前の古代ヨーガから現代の最新の技術や考えをもとにしたものまでいろいろあって、それぞれに教えも違う部分があります。ここでは「**ラージャ・ヨーガ**」（瞑想＝デャーナ／禅那によって心を涵養し、真実在への理解を深めて最終的に解脱を達成することを目指すヨーガの体系のこと）が示す〝**8つの部門**〟を簡単に紹介します。

■1つ目は「制戒（ヤマ）」。

これは人間としての社会的な道徳（モラル）を示すもので、非暴力、真実を話すこと（だまさない、誤解を生まない、ウソをつかないなど）、禁欲、人のものを盗まないといった、反社会的な行為を律するものです。なんびとをも害さないように、他者への行為を自ら律することで自分の心の平常さを保ち、日常の社会生活をより安定したものにします。

■2つ目は「内制、自制（ニヤマ）」。

これは自らに課した規律のことで、浄化や知足など、毎日行うべき自己精進のための遵守すべき行いです。瞑想や浄化法により心身を清め、足ることを知り、自らを内なる真我（本当の自己）に向け日々の生活をしていくことで、自分の中にある真の豊かさに気づくことができます。

■3つ目は「座法（アーサナ）」。

一般的によく知られている体操やポーズもアーサナと言います。ただし、ここでのアーサナは、瞑想や呼吸法のための座り方です。本来の目的は、冥想時に長く、安定し、快適に続けることができる座法が必要なので、ほかの様々なポーズ（アーサナ）

を実践し、柔軟で強い肉体を作るためにあります。

■4つ目は「呼吸法の調整・調息（プラーナヤーマ）」。

プラーナとは生命力の原因となるエネルギーのことで、呼吸によって高めることを実践します。呼気と吸気を意識的に行うことで、心を鎮める冥想に適した、深く静かな呼吸を維持できるようになるのです。

■5つ目は「制感法（プラティヤーハーラ）」。

五感を制御して、意識を外界から心の内面に向けること。普段の生活で私たちは外からの刺激や情報に翻弄されています。目を閉じ、それから離れ、より深い自己に意識を向ける冥想の準備となります。

■6つ目は「集中法（ダーラナ）」。

呼吸や心に注意を向け、自分の意識を内側に保つようにする。さらには心の自由な動きに任せながら内面に集中する。深い集中が進むにつれて、心の内面のより深いところに意識をもち続けることができるようになります。

■7つ目は「瞑想（ディヤーナ）」。

ここでやっと、瞑想です（笑）。心の動きが止まる、もっとも静かな真我（本当の自己）へと、意識を至らしめるための精神的な実践を重ねていきます。

■そして最後の8つ目が「没我（サマーディ、三昧）」。

心の動きが最小限の状態である真我の状態。「心の根源」への到達ともいえますし、本当の自分、内なる神との「合一」ともいえます。自分と世界をつなぐための境目がなく、大いなる愛や至福との一体感を味わえるのがこの状態でしょう。

私も日々、瞑想をして、なんともいえぬ幸福感を味わうことができます。

ただこれが「悟り」の状態なのか、「合一」の状態なのかはわかりません。

毎回、すばらしい幸福感は味わえますが、その日の体調や感じることは毎日変わりますし、同じ日は一日もないのです。だから毎日が発見なのです。だから私はさらなる進化（新化、深化、真化）、さらなる高みを求めて、毎日瞑想しています。

快楽を追求するとストイックになる

私は毎朝のルーティーンとして、4時間かけてヨーガや瞑想をします。そのあと、2時間かけて朝食をとりますので、その他の準備を含めると、出かけるおよそ7時間前には起きています。

ですから、朝の8時に自宅を出発するときは深夜の1時に起きることになります。

先日、雑誌『Yogini』の取材で、「早朝の海岸で日の出とともにヨーガの撮影をする」というスケジュールのとき、事前の準備もありますので早朝の4時半には現場に着いていないといけないという日がありました。そのためには東京の自宅から撮影現場まで高速道路を走っても1時間はかかるので、午前3時半には自宅を出る必要があり、そうなると前日の夜の8時半には起きることになります。

この日のスケジュールは午前中ですべて終わらせたので、お昼の1時半には就寝しました。でも、このようにうまくスケジュールを調整できないときもあります。たとえばドラマの撮影などは深夜になることも多く、さらに翌日の朝にまた撮影が入ることもよくあるもの。そんなとき、〝ヨーガ〟と〝睡眠〟のどちらを選ぶかというと、私は迷わずルーティーンのヨーガを選びます。

「寝ないと疲れが残って、翌日の撮影に響くんじゃないか?」と思われるかもしれませんが、逆にヨーガをすることで疲れが取れて、瞑想でしっかりと休息も取れるのか、心も身体もスッキリした状態で撮影にのぞめるのです。

このような生活をしているので、夜に食事に出かけたり、飲みに行ったり、遊びに行ったりということは一切なくなりました。

こういう話をするとよく、「鶴太郎さんは〝ストイック〟ですね」といわれます。

そして、そういった人の多くは、口に出してはいわないまでも「自分には到底、そんなことはできない」と思っています。

確かにそうかもしれません。私のやっていることは、普通の人の日常生活とはかなりかけ離れたものだという自覚もあります。でも少しだけ、反論をさせてください。

まず〝ストイック〟ということですが、ストイックとは〝禁欲的〟という意味です。でも私は禁欲的ではありません。ヨーガをし、瞑想をし、そのあとに2時間かけてゆっくりと、貴族のように食べたいものを食べる。それが何ものにも代え難いほど、楽しくて、うれしくて気持ちがいいのです。つまり、それが私の欲望をものすごく満たすものなのです。「ストイックだけどスマイル」なんです。

たとえでいうならば、いつもは起こされてもなかなか起きない子が、遠足の当日は起こされなくても朝早くから起き出すような感じといえば、わかってもらえるのではないでしょうか。

皆さんもゴルフに行くとか、釣りに行くとか、旅行に行くとか、大好きなことをするとなると早起きが苦にならないはずです。それとまったく同じなのです。

本当の快楽とは何かを追求し、追求し、追求し続けた結果が、私にとっての朝に7時間かけて行うルーティーンなのです。

「毎日、丁寧に反復する」が上達のカギ

とはいっても、最初からヨーガや瞑想に4時間かけていたわけではなく、楽しさやよろこびを見いだせていたわけでもありません。

トウドウ先生から準備運動やアーサナ（ポーズ）、浄化法や呼吸法、さらには瞑想のやり方も教わり、家でやってみることにしました。

最初は朝、起きたときにベッドで瞑想しようとします。起きがけは「眠いなぁ」と思いながらも「せっかく習ったんだから、やらなくちゃ」という感じの気持ちでやっていました。

すると瞑想しているつもりでも、気づいたら寝ちゃうんです。これが何度か続いて、

「これじゃいけない！」と思い、とにかく朝起きたら一度ベッドから出て、習った通りに準備運動からアーサナ、浄化法や呼吸法をしてから、最後は瞑想をするようにしました。それでも最初はトータルで1時間ぐらいです。

このころはだいたい、出発の3時間前に起きていました。朝の8時に出発だとしたら、朝の5時起きです。これなら「ちょっと早起きな人」という感じですね（笑）。

それからやり続けて3か月ぐらい経《た》ったときだったと思います。瞑想をしていて、ものすごい体験をしました。

なんと表現したらいいのか、身体中がふわ～っとして、なんともいえない気持ち良さと幸福感に包まれたのです。まさに、脳からドーパミン（脳内ホルモンの一種で快楽時に出る）が溢《あふ》れ出たような感じです。

瞑想をしながら「うわ～っ、すごいな！　これ、なんて気持ちいいんだろう。なんて幸せなんだろう」と強烈に感じました。

それで翌朝も「また、あの感覚を味わえるかなぁ」と期待してやるのですが、これがなかなかうまくいきません。それでもあきらめずにやっていると、何日目かにまた、同じような体験をします。

それをある程度繰り返していると、だんだん〝コツ〟みたいなものがわかってきて、その日によって違いはありますが、毎回の瞑想で至福感はつかめてきました。

そうなると、もう、毎朝が楽しくて仕方ありません。

〝身体〟というのは、ものすごく正直です。

身体にいいことを続けていると、必ずそれに応えてくれます。

私はもともと身体が硬くて、ヨーガのポーズをとるのも苦手でした。それが続けていると、ちゃんと期待に応えて柔らかくなってくれるのです。

身体の変化は心にも表れました。ちょっとしたことが気になったり、怒りの感情が湧いてきたりすることが減って、感性がどんどん研ぎ澄まされていくのがわかるのです。いい意味で「尖っているけど穏やか」になっていきました。

たとえば、ある場面で怒りが湧いてきたとします。以前なら、「このやろう！」と激しい感情に任せてキツイ言葉を吐いたり、若くて血の気が濃い時代ならバシッと張り手のひとつくらいかましたりしていたこともありましたが、今ではこんな思いが湧いてくるのです。

「ん？　オレは今、怒りの感情が湧いてきているよね？　なんで怒りの感情が湧いてくるんだろう……。何に怒っているのかな？」

自分の感情に対して客観視できるようになったのです。

そのように、ヨーガをやることで身体との対話が楽しくなってきました。

持ち前の探究心も手伝って、準備運動やアーサナの仕方や種類、浄化法や呼吸法もさらに探求していった結果、1時間が1時間半になり、2時間になり、現在は4時間になりました。

結局のところ、大切なのは**毎日の積み重ね**なんだと思います。

毎日、毎日、丁寧に積み重ねていく中で、少しずつではあるけれど、確実に何か大事なことがつかめてくる。毎日丁寧に反復することはヨーガでもなんでも、物事の上達にいちばん役立ちます。

まさに「継続は力なり」なのです。

「歓喜」はあなたの手の届く範囲にある

私にとって、「ヨーガ」と向き合うことは、自分と向き合うことでもあります。

〝ハタ・ヨーガ（肉体的ヨーガ）最上級の浄化法〟と呼ばれる「ナウリ」という浄化法があります。これは、お腹《なか》の腹直筋を前に押し出したり、へこましたり、グルグルと回して内臓をマッサージし、腸の消化吸収を促進させる方法です。

実際、「ナウリ」をするようになってからというもの、「便秘知らず」はもちろんのこと、食後30分ぐらいで自然と便意を感じ、トイレに行けば力《りき》むことなく「スルッ、ポン！」と出ます。

硬すぎず、柔らかすぎず、野菜中心の食生活のせいか臭いもまったくなく、見事な

ナウリとは腹直筋を意識的にあやつる高度な技術

黄金色《こがねいろ》は、木箱に入れて皆さんにお見せしたいぐらいです（笑）。

「ナウリ」自体はテレビでもお披露目していますので、「見たことある」という方も多いかもしれません。


これをやると、見た人から「なんでそんなことできるの？」とよく聞かれます。

実際、お腹をへこませたり、ふくらませたりすることは誰にでもできますが、グルグル回すことはなかなかできませんよね。

そもそも、人間の身体にはたくさんの筋肉がありますが、その筋肉のすべてを自分の意思でコントロールできるわけではありません。

身体を動かすために必要な随意筋は自分の意思で動かすことができますが、心臓や胃を動かしている不随意筋は自分の意思で動かしたり止めたりすることができないのです。

「ナウリ」をするためには自分の意思で動かせる**表層筋**だけではなく、深い部分にある**インナーマッスル**（深層筋）も動かす必要があります。そして、これができるようになるのもやはり、「毎日、丁寧に反復する」ことなのです。

毎日、毎日、丁寧に筋肉を動かしていると、これまで意識することもなかった身体のいろいろな部分との対話が始まります。すると今まではつながっていなかった深いところに意思が届くようになります。普段使っている手足はもちろんのこと、24時間ずっと働き続けてくれている臓器にも思いを馳《は》せられるようになり、意識がしみ込んでいくのです。深いよろこびと感謝――そうしたことを積み重ねた先に「歓喜」があるのです。

私から見て「もったいないなぁ」と思うのは、多くの人がその「歓喜」に行き着く前にあきらめていることです。一度や二度やってみて「自分には無理」とあきらめてしまいます。

また、〝お手軽なもの〟ばかりに目を向けて、チャレンジする好奇心や達成するよろこびを忘れてしまっているように思います。そして人の意見を気にしすぎている人も少なくない。誰かの人生を生きている人も、です。

「歓喜」とは、それほど遠くにあるものではありません。一歩踏み出して手を伸ばした先の、あなたの手の届く範囲にあるのです。

口呼吸よりも鼻呼吸が優れている理由

ヨーガをやり始めてから改めて気づいたのが〝呼吸の大切さ〟です。

呼吸は身体に必要な酸素を取り入れ、不必要な二酸化炭素を出すだけではなく、身体全体の機能と密接に関係しています。

たとえば深くゆっくりした呼吸は副交感神経系を刺激してくれるので、緊張を緩和したり、リラックスしたりすることができます。逆に短く強い呼吸は交感神経系を刺激してくれるので、集中したいときや大きな力を出すときに役立ちます。スポーツや武道でも大きなかけ声を出すのはこのためです。

通常は無意識にしている呼吸ですが、ヨーガでは呼吸をすごく大切にしています。

先に紹介した浄化法の「ナウリ」でも、さまざまなアーサナ（ポーズ）をする場合でも、必ず呼吸を伴って行います。そして、その大半は〝鼻呼吸〟です。

これに対して日本人、特に高齢者に多いのが〝口呼吸〟です。

意識的に深呼吸をすれば別ですが、無意識にする口呼吸は浅くなりがちです。呼吸が浅いとそれだけ酸素を取り入れ二酸化炭素を排出する量が少なくなるので、酸素化（酸素の血液への取り込み）と換気（血液がCO2を肺胞に放出し、呼吸で体外に排出）が悪くなるのです。さらに口呼吸は唇の荒れの原因や、感染症へのリスクが高まりますし、最近では睡眠時無呼吸症候群との関連も指摘されています。

鼻呼吸にはさまざまなメリットがありますが、私たちの鼻には大きく分けて三つの機能があるのです。

1つ目が〝加湿器〟としての機能。私たちの口や喉を乾燥から守ってくれます。

2つ目が〝空気清浄機〟としての機能。鼻毛がホコリや異物の侵入を防いでくれるとともに、鼻粘膜は細菌やウイルスを捕獲してくれるので、キレイな空気を肺に送ることができるのです。

３つ目が〝エアコン〟としての機能。冷たい外気がそのまま肺に入ると、免疫力が下がって肺に大きな負担がかかってしまいます。これが鼻呼吸をすると、入ってくる空気が温められるので、肺だけではなく、身体全体を冷えから守ってくれるのです。

自律神経を整えてくれる呼吸法

ここでひとつ、誰にでも簡単にできる「ナーディーシュッディ」という鼻呼吸を伴ったヨーガの浄化法を紹介します。

まず、軽く目を閉じて右手の人差し指で眉間を押さえ中指は折り曲げ（または人差し指と中指は折りたたみ）、親指で右の鼻を押さえてふさぎ、左の鼻からゆっくりと息を吸います。楽に吸いきって脳全体に新鮮な空気が行き渡っているのを感じたら、今度は薬指と小指で左の鼻を押さえて右の鼻から息をゆっくりと吐きます。

吐ききったら、そのまま右の鼻から息を吸って、楽に吸いきったら、親指で右鼻を押さえながら左の鼻から息を吐きます。

これを1往復として、10回くらい繰り返します。

息を吸うときは新鮮な酸素がスーッと入ってきて、細胞の中にあるミトコンドリアに酸素が届けられて、そこから大量のエネルギーが製造されていくことをイメージします。

さらに息を吐くときは、ミトコンドリアが大量のエネルギーを製造する過程で排出した二酸化炭素に加え、体内に溜《た》まっている有害なものも吐き出すようなイメージで吐いてください。

左鼻から吸って、右鼻から吐く呼吸をヨーガでは**「月の呼吸」**といい、副交感神経系を刺激する効果があります。これに対して右鼻から吸って、左鼻から吐く呼吸を**「太陽の呼吸」**といい、交感神経を高めてくれる効果があるのです。

「ナーディーシュッディ」は、この「月の呼吸」と「太陽の呼吸」を交互に繰り返すことによって〝**陰陽**〟のバランスをとり、自律神経を整えて、免疫力を上げる効果が期待できるのです。

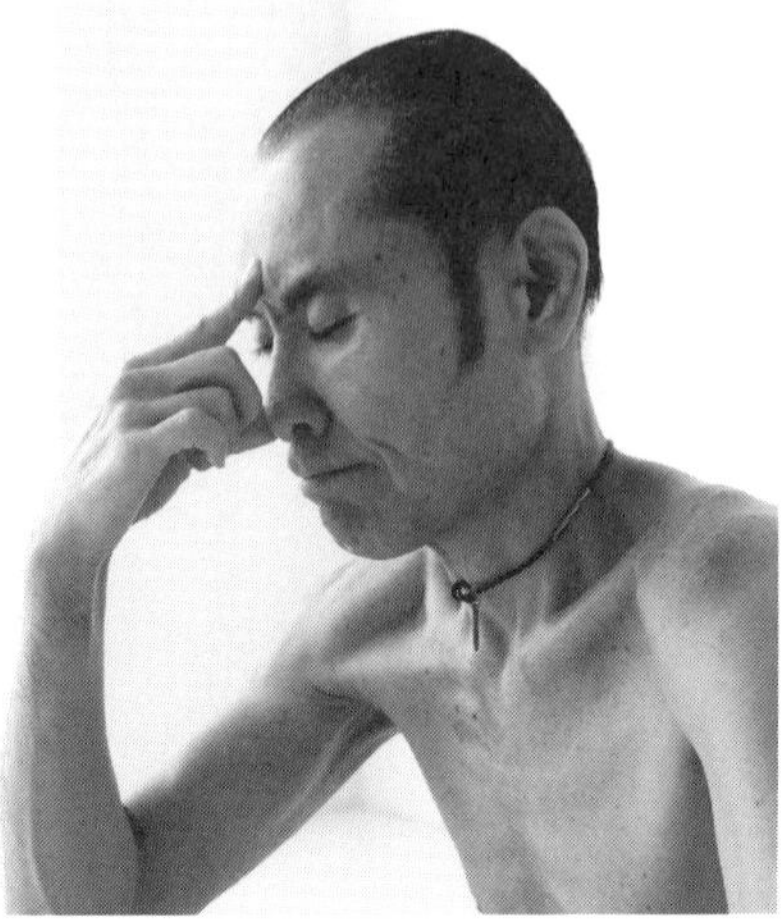

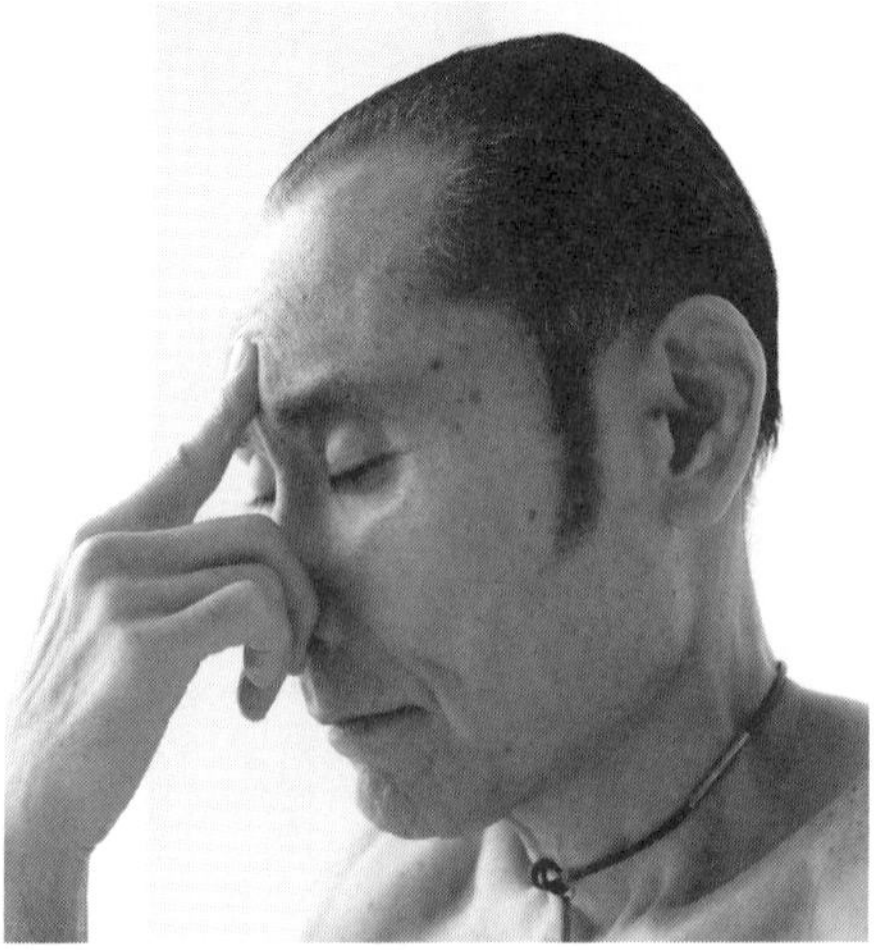

ナーディーシュッディという鼻呼吸で自律神経を整える

生命エネルギーを生み出す7つのチャクラ

「ナーディーシュッディ」を行うときに「人差し指で眉間を押さえる」といいましたが、これには理由があります。

眉間のところには「アージニャー」という〝指揮官のチャクラ〟があり、ここが活性化すると直感力や判断力が上がり、インスピレーションを受け取りやすくなります。

〝チャクラ〟とはサンスクリットで「輪、車輪」を意味する言葉で、人間の身体の中にある**7つのエネルギーセンター**を指します。

チャクラから発生するエネルギーはその名の通り、グルグルと渦を巻いているので、「ナーディシュッディ」をするときも、初めに眉間のところを人差し指で押さえながらグルグルと回してエネルギーを解放してあげましょう。

ちなみに、その他のチャクラの場所と特性も紹介します。自分の身体を知るためにも役立ちますよ。

■第1のチャクラは「ムーラーダーラ」といい、肛門《こうもん》と性器の真ん中にあります。

生存の基本的なエネルギーを司《つかさど》るところで、ここが安定することで地に足がついた安定感が生まれ、精神的な落ちつきがもたらされます。

■第2のチャクラは「スヴァーディシターナ」といい、性器のあたりにあります。

セクシュアリティを司り、無意識の好き嫌いの感情に影響を及ぼします。ここが安定すると、自立心が高まります。

■第3のチャクラは「マニプーラ」といい、おへそのあたりにあります。

自分の役割を果たしていくためのエネルギーを司るところで、ここが安定していると意志力が高まり、自分への揺るぎない自信が生まれます。

■第4のチャクラは「アナーハタ」といい、胸のあたりにあります。

無条件の愛情を司るところで、ここが安定すると現実と理想の折り合いをつける優しさや、自分を受容する心が生まれます。

■第5のチャクラは「ヴィシュッダ」といい、喉のあたりにあります。
自己表現を司っているところで、ここが安定すると自分の内面を適切に表現して、他人や社会とスムーズなコミュニケーションが取れるようになります。

■第6のチャクラは先に紹介した「アージニャー」は眉間のあたりです。

■第7のチャクラは「サハスラーラ」といい、頭のてっぺん、「百会」のところにあります。
宇宙の叡智を司っているところで、ここから宇宙や神とつながります。このチャクラが安定すると、小さな自己を超え、大きな自己と一体となって、人生の目的や目標が明確になります。

【身体の７つのチャクラ】

第７のチャクラ
「サハスラーラ」
百会
第６のチャクラ
「アージニャー」
眉間
第５のチャクラ
「ヴィシュッダ」
喉
第４のチャクラ
「アナーハタ」
胸
第３のチャクラ
「マニプーラ」
へそ
第２のチャクラ
「スヴァーディシターナ」
性器
第１のチャクラ
「ムーラーダーラ」
肛門と性器の真ん中

一人の〝ヨギー〟として生きる

先にもふれた通り、ヨーガを始めたのは瞑想をやりたかったからなのですが、結果的に私は、ヨーガにどんどんのめり込んでいきました。

とはいっても、それはあくまでも個人的なことであり、自分のためにやることであり、さらにはただ「やりたいからやる」ことだったので、ヨーガをやっていることを公表したり、ヨーガを通して自分を表現したりすることはあまり考えていませんでした。でもやはり、ひとつのことに続けてチャレンジしていると「大いなるギフト」はもたらされます。

その始まりは、２０１７年のお正月のことです。ヨーガの師匠であるトウドウ先生とご一緒したときのことでした。

近況を報告しあっている中で、トウドウ先生はその前の年、第1回の「インド政府公認プロフェッショナルヨガ検定」に見事、合格されたと聞きました。

このヨガ検定は、ヨーガが世界的なブームになる中で、その発祥の地であるインドの政府が、ヨーガの品質管理と正しい知識を知ってもらうことを目的に発足したもので、検定試験が行われているのは本国のインド以外では、現時点では日本だけなのだそうです。

興味津々でヨガ検定の話を聞いていると、トウドウ先生が「鶴太郎さんも一度、受けてみられたらいかがですか？」といいます。

「いやいや、私なんかはとても無理ですよ。もし受けるにしても、それは5年とか10年先の話ですよ」と私がいうと、「何事も経験だから、〝ダメもと〟で受けてみましょうよ」という先生の言葉に乗せられて、「じゃあ、ちょっと〝ダメもと〟でやってみよう」という気になりました。

とはいったものの、次の試験まで1か月しか時間がありません。先生の講義を受け、また関連する本や資料を渡されて猛勉強しました。

試験の出題範囲は公表されており、ヨーガの歴史から生理学や人体学と幅広く、しかも専門的でとても難しい内容です。

実技の方も、ただ自分ができるだけではなく、相手に教えられないといけません。それもただやり方を教えるのではなく、どのアーサナ（ポーズ）にはどんな効果があるかなども説明しないといけないのです。

試験勉強なんて高校受験以来ですが、仕事の合間をぬって一生懸命やりました。その結果、なんと実技試験で合格をいただくことができたんです！　ところが、筆記試験の方は60問中42問以上正解すれば合格のところ38問の正解で、合格には至りませんでした。

こうなると、〝ダメもと〟といっておきながら、ものすごく悔しくなります。そこで再チャレンジを決意し、さらに猛勉強した結果、筆記試験で50問以上正解し、見事インド政府公認「プロフェッショナルヨガ検定」に合格することができました。

合格認定書の授与と記者会見はなんとインド大使館でやっていただき、さらにうれしいサプライズとして、一般社団法人全日本ヨガ連盟より「ヨガ親善大使」に任命されました。

インド政府公認「プロフェッショナルヨガ検定・インストラクター」に合格。親善大使にも就任し、駐日インド大使館にて記者会見を開いた。(2017年6月13日撮影)

このチャレンジを通して私はヨーガの哲学や、さまざまなことを学び直すことができ、さらに深くヨーガを知ることができたと思います。

それは「ヨーギー（女性の場合はヨーギーニ）」として、片岡鶴太郎の新たな側面となり、表現者としての深みにつながるものと確信しております。

ヨーガが私にもたらしてくれたもの

57歳でヨーガを始めて5年が経過した今、ヨーガが私にもたらしてくれたものを改めて考えてみたいと思います。

まず、〝ひとこと〟でいうならば、良いことはいっぱいあっても「悪いことはひとつもない」ということです。

具体的にいうと、まずは**健康面**。

50歳を過ぎた人ならば、健康診断のたびに「血圧が高め」とか「血糖値に異常あり」といった感じで、何かしらの指摘を受けるのではないでしょうか。

また、そうした数値が出なくても、慢性的な肩こりや腰痛、目の疲れに悩まされたり、気力や体力の衰えを感じたりしていらっしゃる方がほとんどだと思います。

私は60歳を過ぎた今が、人生でいちばん健康で元気です。毎年の健康診断でも、特に悪いところを指摘されることもありません。

もちろん、日によっては疲れ気味になったり、不調だったりするときはあります。でも逆に、ヨーガをやっているとそうした体調の変化に敏感になり、早めの対処ができるようになるのです。

肉体面でも衰え知らずで、ダイエットやメタボといった言葉とはまったく無縁の身体を手に入れることができました。

パッと見にはガリガリに見えるかもしれませんが、かなり筋肉のある、〝細マッチョ〟な肉体です。余分な脂肪は全然ありません。

精神面でいちばん大きいのは、〝安定〟と〝静寂〟、そして〝俯瞰《ふかん》する視点〟を得られたことです。

それまでは何かあるとすぐに感情的になっていたのが、何事においても俯瞰して物事を見られるようになったので、冷静な判断ができるようになりました。

そしていちばんの収穫は、そうした安定した肉体と精神が〝結合〟することにより、まわりの状況に左右されることのない、しっかりとブレない〝自分軸〟を保てるようになれたことです。

ヨーガとは〝あるがまま〟に気づくこと

「ヨーガ（yoga）」という言葉は、サンスクリットで「結合する、統合する」という意味の「ユジ（yuj）」から派生した言葉なんだそうです。

もともと、私たちの精神と肉体、真我（本当の自己）はひとつの〝結合〟された状態にあるものですが、それがまわりの環境や生活習慣の乱れから、それぞれがある種の分離したような状態になり、それがさまざまな不調として表れます。

それを防ぎ、分離したものを〝統合〟しようとする力がヨーガにはあります。いい換えれば、すべての人の内にある、本来の力を発揮させるための叡智がヨーガにはあるのです。

具体的にいえば、私たちの身体には**「自然治癒力」**があって、薬や病院に頼ることなく、自らケガや病気を治す力をもっています。

さらにいえば、自分が何者なのか、何をすべきかといった、人生の答えも実はすべての人が**〝自分の内側〟**にもっています。それに気づいたり、発揮したりするための手段がヨーガにはあります。つまり、ヨーガをすることで私たちは内側にある本当の自分、**〝あるがままの自分〟**に気づくことができるのです。

〝あるがまま〟といえば、思い出されるのはビートルズの名曲『レット・イット・ビー』です。

秋篠宮家の長女、眞子さまの婚約内定発表会見の際に婚約者の小室圭さんが〝座右の銘〟としてあげた言葉も「レット・イット・ビー」でした。

ビートルズのメンバー、ポール・マッカートニーがこの『レット・イット・ビー』という曲を生み出したのには、こんな背景があると伝えられています。

その当時、バンドはメンバー同士の気持ちがバラバラになって、最悪の状態でした。その状況をなんとかしようと心を悩ませていたポールがある日、夢を見ます。その夢には子どものころに亡くした母のメアリーが出てきて「Let it be（あるがままにまかせなさい）」というようなことをいったそうです。それがもとになって『レット・イット・ビー』という曲が生み出されたということです。

しかし私は、ポールは〝夢〟で見たのではなく、〝瞑想〟からインスピレーションを得たのではないかと思っています。

バンドの問題に心を悩ませていたポールが、瞑想により解決策を求めた結果、もたらされた〝ギフト〟が「Let it be」だったのではないかと思うのです。

歌詞を読めば読むほど、そういう気がしてなりません。今はインターネットの検索から歌詞の原文や日本語訳のものも見ることができますから、ぜひご覧ください。

不安な気持ちを救ってくれた『レット・イット・ビー』

『レット・イット・ビー』という曲、言葉、メッセージに助けられたり、元気や勇気をもらったりした人は私も含め、たくさんいると思います。

サザンオールスターズの原由子さんもその一人です。

この話は以前、原さんと一緒にお食事をする機会があって、そのときに直接ご本人からお伺いしたものです。

2010年、原さんの夫である桑田佳祐さんに食道ガンが見つかりました。

幸い、発見が早かったため、手術をすれば大丈夫とのことですが、「万が一」のことを考えると不安でなりません。

そこで原さんは病院に、桑田さんも大好きなビートルズの全アルバムをもち込んで、一人のときにはずっと聴いていたそうです。

デビューアルバムの『プリーズ・プリーズ・ミー』から順にずっと聴き続けて、手術が始まって終わるのを待っている間も聴き続けていました。

「手術はきっと成功する」とは思いながらも、どうしても不安な気持ちがよぎります。すると、イヤホンから『レット・イット・ビー』が流れてきました。

それを聴きながら「あるがままに、あるがままに、あるがままに……そうだよね」と思った瞬間、手術室のドアが開いて、主治医の先生から手術が無事に成功したことを告げられたそうです。

鶴からのメッセージ2

＊心の中に「静」が宿ると〝大いなるギフト〟が待っている

＊ヨーガには「8つの部門」があって「悟り」や「合一」を目指す

＊本当の快楽を追求するとストイックになる

＊毎日の積み重ねが物事の上達につながる

＊「鼻呼吸」で自律神経を整えられる

＊「7つのチャクラ」を活用しながら自分の身体を知る

＊ヨーガは安定した肉体と精神、ブレない「自分軸」を養う

＊大切なのは「あるがまま」の心

第3章 誰にでもできる身体の声の聞き方

いきなりの「ヨーガ」は抵抗があるかもしれません。
そのような方々のためにも、
この章では、私が毎日実践している準備運動や
それを継続することの大切さをお伝えします。
毎日決まった身体《からだ》の動かし方をしていると、
おもしろいもので微妙な変化がわかるようになります。
逆を考えれば、毎日同じ動きをしていないから
なかなか体調の変化に気づくことができない。
身体の声を聞いてみること……。
年齢を重ねるからこそ気を配っていただきたいものです。

毎朝、身体の声を聞いてみる

先にもふれた通り、ヨーガとは「統合・結合」を意味する言葉であり、実践することで本来の自分に気づくことができます。

毎日、ルーティーンとして同じことをしていても、日々の体調や気持ちのあり方で身体が察知する感じ方が変わり、結果も変わります。

ヨーガをしていると、毎日のちょっとした体調の変化や、気持ちや食べ物の影響をすごく感じることができます。つまり、自分の身体と対話しているのです。

ここではまず、ヨーガのアーサナ（ポーズ）や浄化法をする前に私が行っている準備運動を紹介します。この準備運動は、「ヨガはちょっと……」と抵抗のある人にも効果的ですし、特に高齢者の皆さんの健康法のひとつとしても役立ちますので試してみてください。

【準備運動】

私が普段から実践している「背伸び」運動と、「スークシマ・ヴャヤーマ（繊細な運動、関節周りの準備運動）」をお伝えします。あくまでも無理のないように、身体の声を聞きながらやってみてください。大切なのは楽しく続けることですよ。

1．背伸び

両手を上に上げ、両手の親指を結び、鼻から息を吸いながらゆっくりとかかとを上げ、背伸びをします。息を吸いきったらかかとをゆっくりと下げながら、鼻から息を吐いていきます。同じ動作を10回繰り返します。

すべての呼吸は「鼻呼吸」です。鼻から吸い、鼻から吐いてください。

2. スークシマ・ヴャヤーマ（繊細な運動、関節周りの準備運動）

①鼻から息を吸いながら頭を後ろにゆっくりと倒します。この時、視線も一緒に後ろに反らせるような感じで、眼球も動かします。吸いきったら逆に鼻から息を吐きながら頭を前に倒していきます。これを5回繰り返します。

この運動は、瞑想《めいそう》に入るための準備運動の感覚でやっています。朝行うものですから、ゆったりとした気持ちで実践してみてください。

毎日続けていると精神的に「無」の状態になりますので、ある意味「動的な瞑想」ともいえるでしょう。

②
①と同じ要領で、頭を横に倒します。左右1セットで5回繰り返します。

首を左に倒しながら、鼻呼吸で息を吐いていきます。倒しきってから、今度は息を吸いながら首を起こします。右側も同じように、倒しながら息を吐き、起こしながら吸ってください。

普段なかなか使えていない首の側面の筋肉です。くれぐれも無理には伸ばさないようにしてください。ゆっくりでも肩や首のこりが癒されるはずです。

③①と同じ要領で首を回します。後ろに回すときに息を吸い、前に回すときに息を吐きます。左右それぞれ5回繰り返します。

首の回転とともに、目を見開きながら
同じように眼球も回してみてください。

④親指を中に握り、肩を上げながら鼻から息を吸い、鼻から一気に息を吐きながら力を抜きます。最初はこれを20回。慣れてくれば回数を増やします。ちなみに私は毎日50回します。

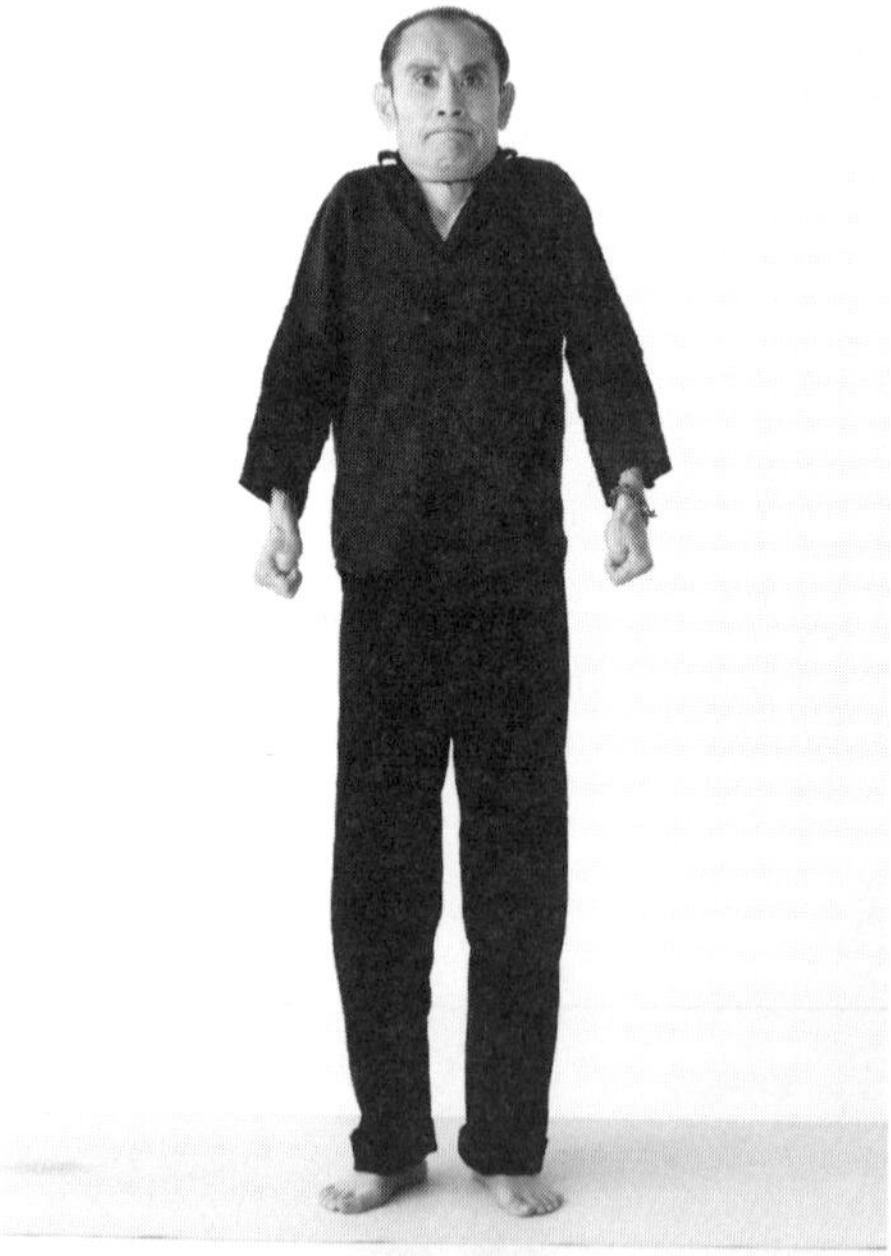

この運動は肩こりが癒されます。「鼻呼吸は勢い良く！」を意識するように。

息を吐きながら肩を落とすとき、全身の力を抜くような気持ちで行ってください。

⑤④と同じく手は親指を中に握り、大きく鼻から息を吸って、止めた状態から右腕を後ろから前に回します。20回回したら最後にドーンと下に下げて鼻から息を吐ききります。同じ要領で前から後ろ回し。さらに左腕も同じ要領で回します。息を止めるのがきつい場合は、動きに合わせて呼吸します。

ヨーガの呼吸法は、吸って、止めて、吐くのが基本です。一度、止めてから吐くのが身体的にも効果的だといわれています。引き締めてからゆるめる……そんなリズム。この準備運動のあたりから、少しずつ全身運動になっていきます。身体も暖まっていきます。

今度は両腕を一緒に同じ要領で回し、最後は腕を前にドーンと突き出して鼻から息を吐ききります。前後20回ずつ。

運動をしながら、常に全身のバランスを意識しましょう。体幹を鍛えるのです。

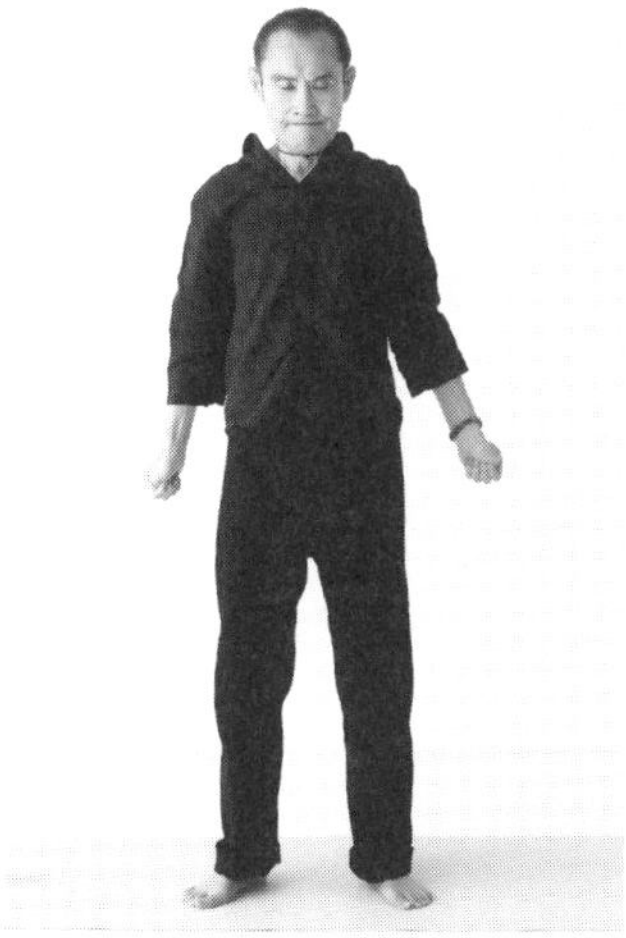

体幹とは文字通り「体の幹」のこと。いわば胴体の部分を指します。胴体部分を鍛えることによって、手、足、頭を機能的に生かすことができます。具体的には、胸・背中・腰まわり・腹筋・お尻は、すべて体幹の構成要素なのです。

※左の写真は「ドーン」のあとの姿勢

次に右腕は前回し、左腕は後ろ回しで同時に回します。逆とそれぞれ20回ずつ。
これはヨーガにはありません。私がアレンジしたものです。

慣れない動きなので最初は戸惑うかもしれません。焦らず、慌てず、ゆっくりチャレンジしてみてくださいね。

このあたりまでくると、少し呼吸が早くなる方も多いでしょう。どうぞ、ゆっくり実践してみることを心がけてください。

⑥足を肩幅に開き、右手の親指を中にして握って後ろに回し、左手でその拳を支えるように握ります。そして、ゆっくりと鼻から息を吸いながら上体を後ろに反らします。このときも目線は後ろに反らして。吸いきったら今度は鼻から息を吐きながら、上体を前に倒します。これを前後1セットで10回。

足首の後ろあたりの筋をすーっと伸ばすように意識してみてください。これはあくまでも私の感覚ですが、この運動は美脚を保つためのポイントだと思います。

⑦鼻から息を吸って、吐きながら膝が90度ぐらいになるまで腰を下ろしていき、それに合わせて両手を前に突き出していきます。今度は息を吸いながら腰を上げていき、それに合わせて両手を上に上げて横に下ろします。これを10回。

この運動は太ももの大きな筋肉を鍛えるためにも役立ちます。加齢とともにいちばん弱ってくるのが足と腰。そこを意識しています。最初のころはもものあたりの負荷がキツいかもしれませんが、続けていくうちに馴染《なじ》んでくるでしょう。

⑧自然な呼吸で、膝を曲げて回します。右回し、左回しと10回ずつ。

膝はよく回しましょう。自分のペースを大切に。

⑨これも自然な呼吸で右足を少し前に上げ、足首を右に10回、左に10回回します。左も同じ。

体幹を意識しながら、両手は腰に。

すっと背筋を伸ばしながらバランスも整えるように。

毎朝、これを続けるだけで肩こりは改善されると思いますし、とにかく毎日、呼吸を整えて身体を動かし、身体の隅々から聞こえてくる声に耳を傾ける習慣をつけるだけで、自分の身体への意識がかなり変わると思います。

それぞれの回数を書きましたが、無理のないよう、ご自身のペースで毎朝①〜⑨を続けてくださいね。

まわりの声より、自分の内なる声を優先する

私自身、今ではヨーガを通して身体の隅々と対話し、さらにもっと深いところにある自分の意識（私はこれを「腹の主」と呼んでいます）ともしっかりと対話できている自負がありますが、もちろん、最初からそれができていたわけではありません。

特に若いころはもう、身体の声を聞くどころじゃなく、ただただ自分の欲求や欲望のままに動いていました。

特に20代の中盤から30代の初めまではもう、快楽の奴隷です。

20代の前半はなかなか売れない時代を経験し、それなりに苦労もしましたが、26歳のときに『オレたちひょうきん族』でブレイクすると、仕事がおもしろいくらいに舞い込むようになりました。そうなると収入も増え、まわりもチヤホヤしてくれます。

仕事が終わると毎晩のように夜の街に繰り出し、好きなものを買い、好きなものを食べたいだけ食べ、お酒も飲みたいだけ飲み、女の子とも好きなだけ遊んでいました。バラエティ番組はわりと午後からの収録が多いので、夜中まで飲んでいても大丈夫だったのです。

夜中まで飲んで遊んで、それをまたネタにトークをして。一日に4食も5食も飲んで食べてしていたものですから、お腹《なか》も出ていて体重は65kgにまでなりました。もうブクブクの身体です。

第1章で「陰と陽」のことを書きましたが、バラエティというのは、陰と陽でいえば「陽」の部分の表現。収録現場ではいくらでも「陽」を表現できるわけです。ところが、実生活ではなかなか「陰」が表現できません。人間の喜怒哀楽とか不条理です。

そういうもの……つまり「陰」の部分を「陽」の表現に盛り込んで、誰かに扮《ふん》すること で「陰」をお笑いに表現していくのです。俳優と同じく演じるのです。

それはそれで楽しい毎日を過ごしていたのですが、なぜか心が晴れませんでした。30歳を超えたころからそれがさらに顕著になり、もう心の深いところから叫んでいる自分の声を無視することができなくなりました。

「腹の主」は、私にこう問いかけます。

「もう、これでいいのか？　本当にこんなことをやっていていいのか？　これで今、死んでも、自分の人生で後悔することはないのか？……」

「今は忙しいし、みんなと一緒に遊ぶことも芸だし、これも大事なんだ」といい聞かせるようにもう一人の私が叫んでも、「腹の主」は許さない。

「そうだ。その通り。違います。はい、違います。私はこのままでは満足できませんし、納得もしません。では、どうしたらいいでしょうか？」

その声に従い、進んだのが「プロボクサーのライセンスをとる」という道です。

もちろん、まわりからは大反対されました。

前述しましたが、その当時は2年先まで仕事のスケジュールが埋まっていましたし、みんなが求めているのは「バラエティの片岡鶴太郎」であり、「ポッチャリした鶴ちゃん」に仕事のオファーが来るのであって、痩せて精悍《せいかん》になることを誰も望んではいません。

つまり、「プロボクサーのライセンスをとる」ということは、それまでやってきた仕事をすべて捨てることに近いことであり、だからといってプロボクサーとしてのライセンスがとれる保証も、これからの仕事の保証も何もないという道を選択するということです。まわりが反対するのも当然です。

でも私はまわりの声に従わず、自分の内なる声、「腹の主」の声に従いました。

それから、協栄ボクシングジムでお世話になるのですが、そのジムで出会ったのがまだ高校生だった鬼塚勝也元ＷＢＡスーパーフライ級チャンピオンでした。私がジムでボクシングの練習をしていたら、下駄箱のあたりに眼光の鋭い青年がいる。「まぁ見学者だろう」と。「ボクシングは簡単なものじゃねーぞ」なんて思いながら、彼を横目で見ました。すると、トレーナーがやってきて、こういいました。

「鶴さん。彼は鬼塚っていいましてね、高校チャンピオンなんです。今度うちのジムに入りますから、これからは一緒に練習をしましょう」

「こんにちは！　鬼塚です。僕は世界チャンピオンしか目指していません」

はっきりとした自分の意志をもっていて、一瞬で出会いというすばらしいプレゼントをいただいた気持ちになりました。

後日、彼のシャドウボクシングを見ましたが、全然モノが違うのがわかりました。ボクシングに取り組む姿勢といい、気持ちといい、何もかもが別次元。そして私がプロテストを受けるときにはセコンドとしてついてくれました。

無事にプロボクサーとしてのライセンスをいただいたあとは、私が鬼塚選手のマネジャーとして、二人三脚で世界への道を上りつめました。絵に描いたような彼のストィックなボクシングスタイルを近くで見守れることが大きなよろこびでしたし、過酷なプロボクシングの世界に浸れたことが、俳優や画業の世界にも生かされました。

常に自分の声に従うことで、納得のいく時間が過ごせました。

身体の声を聞いていると楽しい変化が表れる

私は「まわりの声に従うな」といいたいわけではありません。確かにまわりからの方が状況を客観的に、そして冷静に分析できるし、そこに他人の経験則も加わります。

ただ、「まわりにとって正しい意見」が必ずしも「自分にとって正しい意見」とは限りません。まわりの人たちからの助言は聞いても、最終的に判断するのは自分です。

そのときに感情や欲求に流されるのではなく、自分の内なる声、「腹の主」の声を聞くことが大切だといいたいのです。

でも、いきなり「腹の主」の声を聞こうと思っても、どれが「腹の主」の声なのか、これが本当に「腹の主」の声なのかを判断するのは難しいと思います。

そこで私がオススメしたいのが、とにかく毎日、自分の身体と向き合うことです。先に紹介した「スークシマ・ヴャヤーマ」を含めた準備運動だけでも毎日やっていれば、必ず〝変化〟が表れます。その変化が〝身体の声〟です。

身体って、ものすごく正直です。使わなければ衰えますし、使って鍛えればそれに応えて強くなります。だからといってやりすぎると筋肉痛になったり、ケガにつながったりしてしまいます。年齢にあった使い方があるはずです。

私は身体が硬くて、ヨーガを始めた当初はうまくできないポーズがたくさんありました。でも毎日、毎日、少しずつでもやっていると柔らかくなってきます。「最初はここまでしか曲がらなかったのに、もっと曲がるようになった」といった変化が表れるのです。

そうなるとヨーガをやるのが楽しくなって、さらに続けていると、さらに変化が表れ、もっと楽しくなります。まさに魂の歓喜です。

自分の「腹の主」の声に従って行動していると、必ず変化が生まれます。その変化を楽しみさらに続けていると、それが魂の歓喜につながります。

逆に自分の「腹の主」の声に従っていないか、違う声に従っていると変化は生まれません。生まれたとしても悪い変化として表れますし、魂の歓喜につながることもありません。

自分が正しく「腹の主」の声を聞いているかどうかは、自分にとっていい変化が起こっているかどうか、そして、それが魂の歓喜につながっているかどうかで判断できるのです。

「今日、やろう」の繰り返しが継続につながる

自分に起こった〝うれしい変化〟を〝魂の歓喜〟にまで昇華させるために大切なこ

と、それは〝継続〟です。せっかくうれしい変化が生まれても、そこでやめてしまったら、それ以上成長しません。

それに、なんでも最初からうまくいくことって少ないんです。でも継続していると必ず変化が生まれ、さらに継続していると、なおさらうれしい変化に変わります。

ただ、最初から「継続しないとダメだ」って思うとつらくなりますし、継続できないと自分を責めてしまうことになりかねませんからご注意ください。

「石の上にも三年」という言葉がありますが、つらいことをずっと耐えたからといって、それが必ずしも〝うれしい変化〟につながるとも限りません。

継続すること自体が目的になると、それこそ本末転倒です。ではどうするか。

大切なのは「今日、やろう」なんです。

明日のことは考えないで、とにかく「今日、やろう」でやってみる。やってみると小さな変化が生まれて、やって良かったなと思う。それで寝て、起きて、また「今日、やろう」。その繰り返しなんです。

「今日、やろう」これはいい換えれば「今を大切にしよう」ということにもつながるでしょう。これは第5章でも詳しく述べますが、生きるとは、つまり死に向かっていくことでもあります。若いころはなかなか考えられない「死」ですが、60歳を超えたあたりから現実的な話になっていきます。

「生」に固執しすぎて、恐れる気持ちからいろいろな執着も生まれてしまうでしょう。でも、そんなときこそ、静かな心持ちで「死」を見つめ、だからこそ逆算して「今やれること」にしっかり目を向けていく……。そんな考え方が「よし、今日、やろう！」という気持ちに私はつながっていくと思っています。

もちろん、最初の〝見極め〟も大事です。

自分のやろうとしていることが〝本道〟からそれていないか。〝まがいもの〟を継続しても、その結果はやっぱりまがいものです。

だから、本道からそれないように、少しずつでもいいから丁寧にやっていく。それが結局は、魂の歓喜への近道でもあるのです。

しんどいときは自問自答してみる

それでも毎日のことですから、調子のいいときもあれば、悪いときもあります。

私もヨーガをやり始めたころは、朝起きたときに「今日は、しんどいな」とか「めんどくさいな」と思うこともありました。

でもそんなときは、わざと自分に問いかけるのです。

「じゃあ、今日はやめる？」

自分の心の声が何を表現しているのかを知るようにすることも心がけています。

本書を通してお伝えしたいことのひとつに、第1章でもふれましたが「同じことを繰り返してみる」というのがあります。「今日のヨーガはやめておくか」とお休みをしてしまうと、翌日の身体が素直に反応します。それは、繰り返すことによる身体の微妙な変化が感覚を通じて伝わってくるからです。

身体のいろいろな部分が、なんだか違和感のある感覚……心身の通り道が清らかになればなるほど、自分の感覚にうそをつくことができなくなるのです。一度、違和感を覚えた感覚は、声となって心の奥から湧き上がってきます。

なので、今はそのようなことはありませんが、ヨーガを覚えたてのころ、「今日はやめる？」そんな気持ちになった朝も何度かありました。

そのときは自問自答するように、こういいます。

「いやいや、そうはいかないでしょう。そうはいかないよね。やるもんね。だって、終わったあとの、あの充実感と身体の軽さって、やらないと味わえないもんね。

それをさ、それをやらずに、じゃあ、どうするの？　二度寝する？　それで出かける10分前に起きて、慌ててシャワー浴びてってやったら、どんな気分？　一日のスタートに、それはイヤだよね～」

そういいながら〝ヨガマット〟をひくのです（笑）。

また、こんな〝手〟もあります。

「しんどいなぁ」と思ったら、「今日は、最高だね！」って言葉を乗っけて、「しんどい」を否定する。つまり、脳を騙《だま》すのです。自分自身で脳を洗脳して、「最高だな！やっぱりな！　やったら気持ちいいなぁー」っていう状態にもっていくわけです。


言葉の暗示ってとても効果的です。「男の更年期障害」を体験しているとき、お風呂の中や移動中の車の中で、言葉を繰り返しながら自分で自分を励ましたものです。

「オレは、ついてる、ついてる、ついてる。大丈夫だから安心しろ。大丈夫、大丈夫、大丈夫。ついてる、ついてる、オレはついてる。そうだろ？」

自問自答をすることで、内面の整理にも役立ちます。

毎日の反復で〝できない〟ことが〝できる〟ようになる

「継続は力なり」といいますが、本当にその通りだと思います。

最初はまったくできないことでも、毎日毎日継続して反復していると、必ず変化が生まれ、できるようになるのです。

私がそれを心から実感したのがボクシングでした。

プロボクサーのライセンスをとろうというのだから、もともとかなり運動神経は良かったんだろうと思われるかもしれませんが、実はまったくのウンチ（運動音痴）です（笑）。

もともとのウンチに加え、高校卒業以来、運動はまったくやっていません。それがいきなり、あのプロボクサーがやるハードな練習をこなさないといけません。


まずはそもそも縄跳びが跳べないんです。

ボクサーの練習風景でよく、「パンパンパンパンパンパン」とリズミカルに縄跳びをするところをテレビや映画でも見かけますが、私の場合は「パチン……足を引っかけ、パチン……足を引っかけ……」といった感じです。

そこでトレーナーさんに、「どうやったら、あんなに上手に跳べるようになるんですか？　コツを教えてください」と頼んだら、「鶴さん、縄跳びって自転車と一緒で、コツってないんですよ。毎日、毎日やっていると、そのうちにできるようになりますよ」といいます。

そういわれて、とにかく〝見よう見まね〟でやってみる。最初はなんとも不恰好《ぶかっこう》で、恥ずかしいから隠れてやろうかと思ったぐらいです。でも、「自分はもともと不器用なんだから人様の倍以上練習しなくちゃ」と自分にいい聞かせ、とにかく人の倍以上の時間をかけて練習しました。

それが1日、2日、3日と経《た》って、1週間もすると、少しは跳べるようになります。さらに2週間もするとだいぶ跳べるようになって、1か月後にはみんなと同じように跳べるようになっていました。

いつから跳べるようになったかは覚えてないし、どうしたから跳べるようになったかもわかりません。とにかく毎日、毎日、同じことを反復していたら、いつの間にか跳べるようになった。そんな感じです。


大リーガーのイチロー選手も「小さいことを積み重ねるのが、とんでもないところへ行くただひとつの道だと思っています」といった言葉を残しています。

「雨垂れ石を穿《うが》つ」という諺があるように、どんなに小さな力でも、継続し、反復し、根気良く続けていけば、必ず大きな力となるのです。

怖いときこそ〝一歩前へ〟を心がける

身体の声を聞くためには、まずは自分のことをもっと信じる必要があります。

ダイエットでも、何かにチャレンジするのでも、基本はとにかく「できる」と信じるのです。そこからすべては始まります。

今までうまくいかなかったのは、すべては自分の身体と、自分自身の声をちゃんと聞いていなかったからだけなのです。

「自分の体質はこうだから……」とか「自分には才能がないし……」とあきらめる前に、もっと自分の可能性を信じてください。

私たちの〝内側〟にはまだまだ開発されていない、知られていない可能性が山のようにねむっています。いわば、可能性の宝庫です。その宝庫も「ある」と信じなければ、ないのと同じですね。

それはまるで案山子《かかし》を目の前にしたスズメのようなものです。

案山子のまわりには、たわわに実った稲穂がたくさんあります。でもスズメは案山子が怖くて近づけません。なぜなら、スズメは案山子が「動かない、襲ってこない」ことが信じられないのです。

ボクシングでも、恐れて相手のパンチから逃げていると、逆に相手のパンチをもらってしまいます。こういうときは逆に一歩踏み出して、相手の胸元に入ってしまう。そうすれば相手のパンチの威力を抑えることができるし、恐怖も克服できるのです。

大切なのは、とにかく自分を信じること。そして、不安や恐れがあるときは逆に、**〝不安や恐れがないように振る舞う〟**のです。

「やります！」と心から宣言して、「自分はできる」というように振る舞う。そうすれば不安や恐れから抜け出して、本来もっている自分の力を発揮することができるのです。

「此の身は借り物なり」

私たちの身体はまさに、可能性の宝庫であり、すばらしい可能性に満ち溢《あふ》れています。

身体の細胞も、臓器も、一つひとつがものすごい能力をもっているのです。

たとえば肝臓は、食べ物から得た栄養を体内で使える形に変えて貯蔵したり、必要なときにエネルギーのもととして供給したりしてくれます。また、アルコールや薬、老廃物などの有害な物質を分解し、身体に悪い影響を与えないように無毒化してくれるのです。

肝臓はまさに、壮大な化学工場です。もし、人間一人の肝臓の機能を人工的な工場で行うとすると、最低でも東京都と同じぐらいの敷地面積が必要なのだそうです。しかも、それだけあっても完璧にはできません。

肝臓だけではなく、脳も、心臓も、目も、肺も、胃も、腎臓も、腸も、お金では買うこともできないくらい高価で貴重なものなのです。

私たちの身体は〝小宇宙〟だといわれています。それだけ未知なる可能性と神秘に満ちているのです。

そんなすばらしい身体を、私たちは神様にお借りしています。

それを自分だけの欲望に使ったり、ムダなことに使ったり、その価値を軽んじたり、さらには使わずにいたりするのは本当にもったいないことです。

神様からお借りした大切な自分の身体を、最期のときが来て神様にお返しするまで、使って、使って、使いきる。そのためにも、ちゃんと身体の声を聞き、大切に使わないといけないのです。

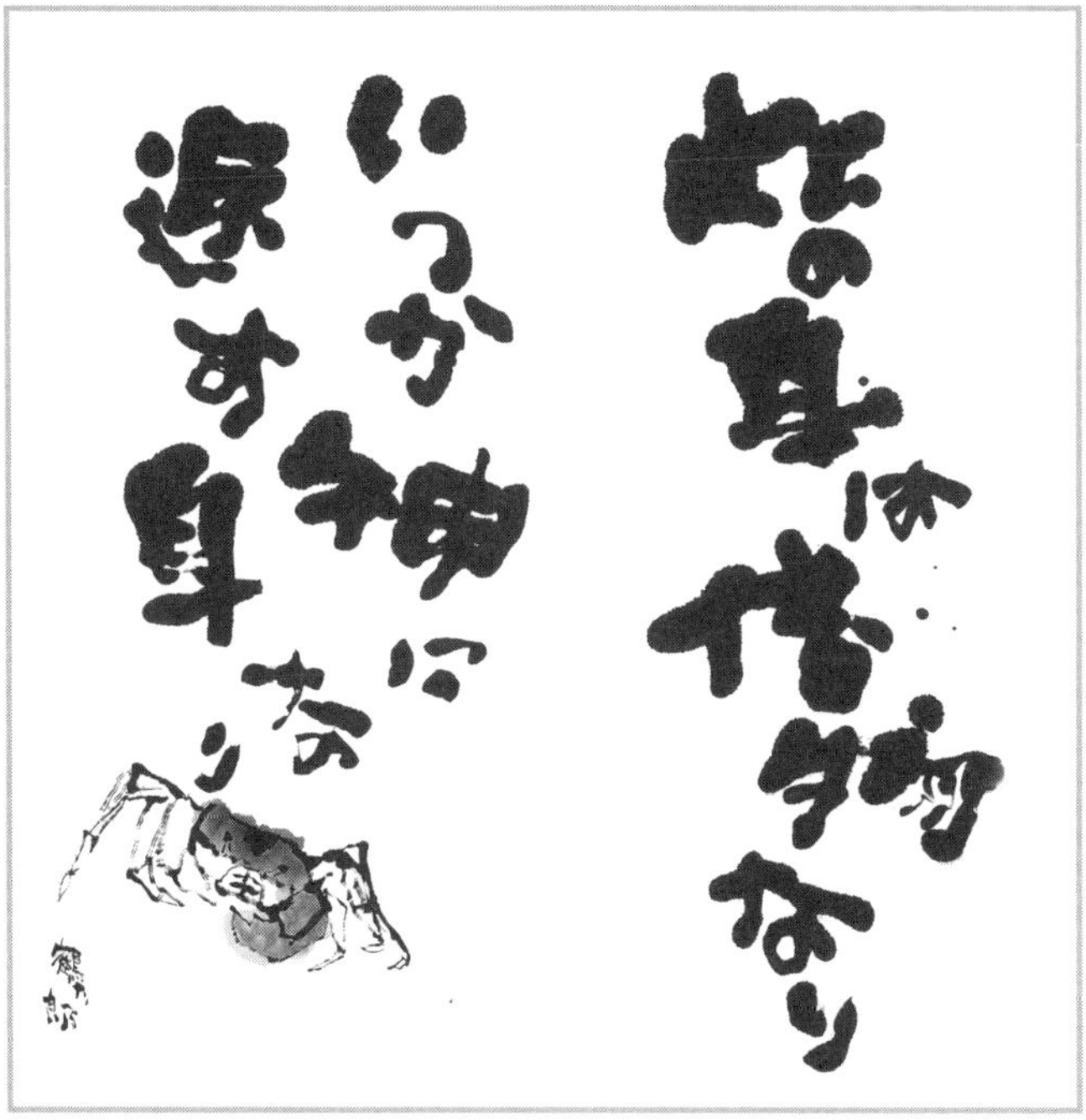

「此《こ》の身は借物なり　いつか神に返す身なり」

鶴からのメッセージ3

＊準備運動で身体と対話してみる

＊常に自分の声に従おう

＊変化に気づくことで「腹の主」の声がわかる

＊大切なのは「今日、やろう」の気持ち

＊自問自答しながら脳に理解させる

＊最初はなんでも「見よう見まね」でいい

＊私たちの〝内側〟は可能性の宝庫

＊この身体は借り物である

第4章
食べることは「生き方」そのもの

毎日ヨーガを行うようになって
いちばん変化したのは「食べること」について。
食材の繊細な味も、一日1食になってからは、
味覚を通して全身で感じられるようになりました。
最近、特に思うことがあるのです。
「食べ方」とは「生き方」そのものだなぁ、と。
何をどのように食べるかによって、
身体《からだ》も、そして心も変化してゆく……。
心身ともに変化することは、
日々の行動までも変えていきます。
だからこそ「食べ方」は大切なのです。

あなたは本当に〝正しく〟食べていますか？

「食べること」

それは、生きていくために欠かせない行為です。

食べたものは血となり、肉となり、エネルギーとなって身体を育ててくれます。そして、栄養が私たちの毎日を支えてくれます。また逆に、食べたものや食べ方が原因で病気になったり、命を落としたりすることもあります。

車に置き換えて考えるとイメージしやすいかもしれません。質の悪いガソリンを使っていると、すぐにエンジンの調子も悪くなり、排気ガスの量や汚れも増えて黒煙が上るようになるでしょう。

人間の身体も同様で、粗悪な食べ物が健康にもたらす害ははかりしれません。ところが、現代人の多くは、朝起きたら「朝食」をとり、昼になるとお腹《なか》の空《す》き具合よりも時計に合わせて「昼食」を食べ、夜になるとあたり前のように「夕食」を食べます。

そのとき多量のお酒を一緒に飲んで、数時間後にとどめの夜食も食べる……。

昔の私がそうでした。生きていくために食べるというよりは、何かをしながら、なんとなく目の前にあるものを口にする「〜ながら食べ」や、とにかく食べたり飲んだりしながら、ワイワイ、ガヤガヤする瞬間を楽しむ……そんな食べ方ばかりでした。幸いなことに大病こそしませんでしたが、今思えば、いつも身体が重く、当時はまだ短気なところがあったので、イライラしていることが多かったように思います。

「なぜ、食べるのか？」と聞かれると「なんとなくお腹が空くから」とか「なんとなく食べたいから」という感じで、何を食べるかの選択も、そのときに食べたいものを食べるか、目の前のものを食べる人が多く、「何を、いつ、どれくらいの量を口にするのか」にまで気を使っている人は多くありません。

でも、本当にこれでいいのでしょうか？


現代人の多くは、はっきりいって食べすぎです。

「三大疾病」と呼ばれる「ガン」「心筋梗塞」「脳卒中」は日本人の約7割がかかると

いわれていますが、昔はこれらが原因で亡くなる人など、そんなに多くはありませんでした。

これらが「生活習慣病」と呼ばれていることからもわかる通り、その原因は、生活習慣の誤り、特に食生活の誤りがほとんどです。

厚生労働省によると、「生活習慣病」とは「食習慣、運動習慣、休養、喫煙、飲酒等の生活習慣が、その発症・進行に関与する疾患群」と定義されています。具体的な症状をあげると、高血圧や糖尿病、脂質異常症などで、これらは脳卒中や心筋梗塞といった病気につながる可能性があります。

食べることを楽しむのは悪いことではありません。でもその結果、健康を害してはもとも子もありませんし、その食べすぎたツケを無理な運動で解消しようとしたり、強引なダイエットで帳尻を合わせようとしたり、薬でなんとかしようとしたりというのは、結果的に身体に負担を与え、精神的にもストレスになってしまいます。

また、日本という国は、ほとんどの人が食べたいときに食べ物が目の前にある環境です。読者の皆さんが住んでいる全国市区町村の大半には、24時間開いているお店があって、いつ、どんなときも食べ物が手に入るでしょう。

本来、野生の動物がそうであるように、人間も〝正しく〟食べていれば太ることはありませんし、それが原因で病気になることもありません。ひと昔前は、人間も必要な分だけの食糧を、必要なときにだけ手にしていました。狩猟時代も同様で、生きるために他の命を搾取し、だからこそ感謝の気持ちで口にしていたものです。

ところが時代が進み、さまざまな道具と知恵によって、食べ物の内容も質も、食事の時間帯さえも変化してしまいました。

「人は一日に3食は食べる必要があり、特に朝食を抜いてはいけない」とか「成人の一日に必要なカロリーは約2000kcalだから、それ以上食べなければ太らないし、それ以下は健康を害する恐れがある」という意見、80年代のように「一日に30品目を目標に食べよう」と提唱された時代もありました（2000年には「主食、主菜、副菜を基本に、食事のバランスを。」と表現が変更されました）。それぞれに根拠はあるものの、それをきちんと守っているのに病気になる人もいれば、暴飲暴食なのに健康な人がいるのも事実です。

では一体、何が〝正しい〟のでしょうか。

朝食で至福の時間を過ごす

先の章でもふれた通り、私も20代までは食べたいものを、食べたいときに、食べたいだけ食べていました。健康や身体のことなど考えず、ただ食欲を満たすことだけが食べる目的です。

その結果、体重は65kgまで増え、ポッチャリした肥満体型になりました。若かったおかげか、もともと身体が丈夫なのか、肥満から病気に至ることはありませんでしたが、毎日身体は重く、肩こりや疲労にも悩まされていました。

食べることへの意識が変わったのはボクシングを始めたときです。このときに、「食べることがそのまま、自分の身体を作っているんだ」という実感が湧き、〝食べること〟をかなり意識するようになりました。

このときから、だいたい一日2食になり、食材や調理法も身体にいいものを選ぶようになりましたが、それでもお酒は飲んでいました。

50代半ばを過ぎてヨーガに出会い、さらに自分の身体の声を聞くようになってから、現在の一日1食の生活になりました。具体的にはこんな感じです。

朝一にヨーガでしっかりと身体を動かし、そのうえ前日の朝から何も食べていませんから、もう腹ペコです。だからこそ、朝食は約2時間をかけてゆっくりゆっくり味わうことにしています。かなりの空腹感も伴って、素材の生命力（エネルギー）がまるで身体中にしみ込んでいくように伝わります。

ちょうど、この原稿をまとめているときには、梨や柿、リンゴが食べごろでしたが、たっぷりと季節の果物をいただいたあと、玄米と旬の野菜を中心としたお料理を10品近くいただきます。

「空腹は最高の調味料である」といいますがまさにその通りで、一口食べるごとに食欲が満たされていきます。ゆっくりと十分に噛《か》んで食べることで胃への負担は最小限に抑えられ、味覚を楽しみながら旬の自然をいただくので身体もよろこびます。

朝の食事をたっぷりと優雅に2時間かけていただく。それはまさに、貴族が食事をとるときのような、本当にゆったりとしたひと時です。私にとって、それはそれは楽しく、美味《おい》しく、うれしく、幸せな、至福の時間そのものなのです。

食事の調理は全部、自分で行います。時間のあるときに1週間分の料理を作り置きし、それを小分けにして食べるのです。たとえば、ある週のメニューはこんな感じです。

・葱《ねぎ》と韮《にら》のスープ
・きんぴらごぼう
・新玉葱と生姜《しょうが》と山椒《さんしょう》の実炒《いた》め
・蓮根《れんこん》の素揚げ
・南瓜《かぼちゃ》煮
・大根ステーキ
・蕪《かぶ》と菜の花煮　など

料理に関しては、最初の1年間は料理の先生に菜食を作っていただき、その間に調理法や食材に対する知識を教えていただいたおかげで、今では全部、自分一人で調理できるようになりました。

材料となる野菜は、契約している農家さんから直接旬のものを送っていただけるので、毎回届くのがとても楽しみです。どの生産者の方々も思いを込めて丁寧に野菜を育てていますから、比べるわけではありませんが、味覚が研ぎ澄まされている私には、味の差がはっきりとわかります。

料理に使う調味料にも気を配ります。生のごまから抽出されたものだけを使った太白ごま油や、本醸造のお醤油《しょうゆ》、お酒も大吟醸のものを使用、添加物の入ったものは使いません。すべての素材がすばらしいうえに、味付けも自分の好みで作りますので、自分にとって最高の料理を毎朝の食卓に並べることができるのです。

「極少食」で人生が変わる

「一日1食」というと驚かれたり、「そんなのお腹が空いて、自分には絶対に無理だ」といったりする人もいますが、私の知る限り、一日に1食しか食べない人はたくさんいて、その人たちはみんな元気で活動的です。

医師の南雲吉則さんが出した『「空腹」が人を健康にする〜「一日一食」で20歳若返る！』（サンマーク出版刊）は医師の立場と自らの実践でその有効性を説き、50万部突破のベストセラーとなりました。

少食が身体に良く、食べすぎが身体に悪いことは最近になっていわれ出したことではありません。それは、かなり昔から知られている〝事実〟なのです。

知り合いから紹介されて知った『無病法〜極少食の威力』（PHP研究所刊）という本があります。私は一読して、とにかくびっくりしたことを今でも覚えています。今回の私の本を編集してくれた方々にも薦めてみましたが、みんな驚きを隠せないと感想を聞かせてくれました。

著者のルイジ・コルナロは今からおよそ５００年前のルネサンス期イタリアの貴族で、若いころから貴族仲間と暴飲暴食に明け暮れた結果、30代でさまざまな成人病を患い、40代で生死の境をさまようまでになってしまいました。当時、彼はレオナルド・ダ・ヴィンチやミケランジェロよりも有名な人物でした。

コルナロは、長年、彼を看《み》ていた医師団から「一般的な少食よりもさらに量的に最小限まで減らした〝極少食〟に徹する以外、助かる道はない」といわれます。

その結果、「食の楽しみ」よりも「生きる」ことを選択した彼は「極少食」を実践しました。すると、数日もしないうちに回復の兆しが表れ、しばらくすると病がウソのように治りました。それだけではなく、1年後には完全な健康体になり、性格的にもそれまでの怒りっぽさが消え、まったくの別人のようになったのです。

以下に紹介する話は、コルナロが83歳のとき、人々の前で話をした「講話」から引用しています。時はまだ16世紀。日本は戦国時代真っただ中でした。

「健康で長生きし、しかもその間に病気ひとつせず、最後には平和のうちに静かに息をひきとる、といった幸福な生涯を願う者はだれでも、飲食を最小限の量にさだめるべきである。そうした生活では、血液が汚れることはなく、また胃から頭へのぼる悪気もなく、心はつねに穏やかで、気分は妙なる悦びに満たされている。そして過去の悪癖から解放されたことにたいして神に感謝し、長生きを楽しみにしている。また、死についても、幸福な死を予感している。（中略）

快楽を追う者たちの中には、長寿はそれほど幸福なことではなく、七五歳以降の生はもはや人生というに足らない、などという者たちがいるが、かれらは間違っている。私は断言する。非常に達者な老年の生活というものは、じつに素晴らしい。すべての人々が私の年齢にまで達し、この幸せな老年の生活を享受できるようになることが、まさに私の心からの願いにほかならない」

※『無病法～極少食の威力』（中倉玄喜訳・ＰＨＰ研究所刊より引用）

いかがでしょうか？　現代ならまだしも、500年ほど前に語られた内容とは思えない生き様です。

その後コルナロは病気とは無縁のうちに、公私にわたって人生を謳歌《おうか》しながら歳《とし》を重ねて100歳を超え、102歳のときにいつもの午睡と変わらない様子で、穏やかに息を引きとりました。

最晩年まで彼は目も歯も耳も問題なく、足腰も若いときの力強さと変わらず、声の張りにいたっては、むしろ年齢とともに高まり、気分も常に快活だったそうです。

身体の声を聞くと感性が高まる

私が「一日1食」になったのは、誰かにいわれたからではなく、自分の〝身体の声〟に従った結果です。

その食事内容は菜食が中心ですが、会食などで出されたものはなんでも食べますし、お魚やお肉などもたまに食べたくなったときは少量を自分で調理して食べます。すると満足して、またしばらくは動物性食品を食べたいと思わなくなります。

だから完全な「菜食主義者」ではありません。自分の内なる声にきちんと耳を傾け、何を食べるのが本当の意味で自分をよろこばすことになるのかを、実践した結果がこれなのです。

食べ物を口に入れてから、歯で噛《か》む回数を増やしたことも私にとっては良かったことのひとつです。毎朝2時間はかけてゆっくり、たっぷり料理をいただきますから、素材が本来もつ味を、味覚を通して全身で感じることができます。

素材の深い味を心から堪能していると、一日に1食のこともあって、どの味に身体が反応するかまでわかってきます。おもしろいものです。私の場合、野菜の味によろこんでいる自分がいました。なので、自然な流れで菜食中心の献立となりました。

「一日1食」にすることで食生活をシンプルにしていくと、空腹の時間も増えますから、おのずと身体の声が聞きやすくなります。ということは、人間がもっている「五感」ともつながりやすくなるから不思議です。

私の場合、画業と同じように「俳優」も大切な仕事ですから、長台詞《ながぜりふ》を覚えることも必須となってきます。ただ覚えるだけではなく、その役に全身全霊で成《な》りきるわけですから、独特の感性を要する仕事です。

ヨーガと出合う前は、長台詞を覚えることが正直苦しくなってきた時期でした。大先輩の俳優さんから瞑想、そしてヨーガにたどり着いたことは第2章に書いた通りですが、ヨーガを実践し、自分なりの自然な流れで食事を整えてから、体調はもちろんのこと、「五感」の感性が高まったことも事実です。長台詞を覚えやすくなっただけでなく、さまざまなアイデアも湧き出るようになってきて、メモを取る手が追いつかないこともしばしば。とても嬉しい効果です。

※この章では「食べること」について書いてきましたが、

私が毎日どのようなものを食べているのか。

ほんの数ページですが手作りの料理を写真でご披露します。

消化にはフルマラソンと同じくらいのエネルギーが必要

身体の声は、他にはこんな形で表れます。

まずは、朝の目覚めがとてもいい。

私は朝に食事を済ませるので、寝るときにはお腹の中は空っぽです。

よく「寝る前にお腹が空いていると眠れない」という人がいますが、それは〝慣れ〟と〝習慣〟の問題だと思います。

実際、私はベッドに入るとすぐに眠れます。夜中に空腹で目覚めることもなければ、起きたときに空腹を感じることもありません。

寝るときにお腹が空っぽだと、消化にエネルギーを奪われずに済みますし、脳も身体も内臓も休ませることができます。

実は食物の消化活動には、フルマラソンを走るくらいの大量のエネルギーが使われているともいわれています。つまり、私たちは寝ているつもりでも、内臓は休みなくフルマラソンを走るが如《ごと》く、働いているのです。

ちなみに野生の動物がケガや病気をしたときは、一切、食べ物を口にしないそうです。食べずにじっとして、消化に使うエネルギーを節約し、その分のエネルギーをすべて、傷を治したり菌などの毒素を排出したりする〝代謝〟のために使うのです。

また、身体の声は身体から出てくるものにも表れます。

吐く息が臭かったり、体臭がきついのは、体調の不良や、体内の未消化の食べ物が原因だったりします。

うんこやおならもそうですね。

自分でいうのもなんですが、私も昔はかなり臭かった(笑)。

よく「にぎりっぺ」をして、その人のリアクションを見て楽しんだりしていましたが、今はまったく臭わないので、全然おもしろくありません(笑)。

このように、とにかく身体は正直です。何をどのように食べたかで、反応はまったく変わってくるのです。

私たちは、自分の身体と一生付き合っていかなければなりません。だから、欲望や要望ばかりをぶつけるのではなく、ちょっとした身体の声にも耳を傾け、お互いに仲良く付き合っていきたいですね。

鶴からの
メッセージ4

*「食べ方」とは「生き方」そのものである
*食生活の誤りが生活習慣病の原因となりやすい
*ゆったり時間をかけて食事を楽しもう
*食べることがそのまま身体を作っている
*空腹は最高の調味料である
*「極少食」が人を長生きさせる
*身体の声に耳を傾けて真の楽しみを味わおう

第5章 人生の時間は自分で決める（125歳宣言）

「長生きすること」を目的にしてしまうと、
死ぬことが怖くなってきます。
そうではなくて一日一日を
生ききるようにして日々を重ねる、
そのような生き方が心地良くなってきました。
「人生100歳時代」といわれるこのごろ、
ものの価値や常識も変化しています。
「自分らしく生きていますか?」
静かな気持ちで問いかけてみてください。
いつ、どんなときも、ありのままの自分らしく。

人生の壮大な人体実験

私は「125歳まで生きる」と宣言しています。

それも、寝たきりになったり、ただ生きながらえたりするのではなく、１２５歳まで現役で仕事を続けて、１２５歳になったある日、側近の方が私を呼びに来て「鶴太郎さん、車を表に回して来ましたので、準備ができたら帰りましょう。聞こえてます？　なんだ、昼寝してるのか……」といったような感じで、まさに〝午睡のように〟息を引きとる――これが私の目標です。

そんなことをいっておきながら、明日、死ぬかもしれません。それはそれで、笑いのネタになって、芸人・片岡鶴太郎としては本望です。

これは、私にとっての壮大な人体実験なのです。

「神様からいただいたこの肉体の可能性を最大限にまで引き出せば、必ず人は１２５歳まで生きることが可能だ」

これが人体実験をするうえでの仮説です。

そして、その仮説を検証するための手段がヨーガであり、食事法であり、生き方そのものなのです。

「はじめに」にも書きましたが、先進国では人間の平均寿命が「100歳」に到達するのも時間の問題だそうです。日本も世界ではトップレベルの長寿国。いろいろな場面での変化が迫られています。

働き方しかり、暮らし方・学び方もしかり、価値観の変容も急速に進んでいるでしょう。これまでの常識が通用しないことだって少なくありません。

ただ、そのような外側の変化に一喜一憂するよりも、自分の可能性を引き出す努力をして、いくつになってもチャレンジしながら、しなやかに生きる方が気持ちいいと私は思います。

もちろん、人にはそれぞれ、寿命というものがあります。でもそれは決して、〝最初から決まっていて、変えることができないもの〟ではないと私は思いますが、いかがでしょうか。

間違ったことをしていれば自らの寿命を縮めることになりますし、正しく生きていればある程度は延ばすことができる。そんな、〝自己責任〟と〝自由〟と〝可能性〟が、私たちには与えられているのだと思うのです。

大いなるものと一体になる

125歳まで生きるには、〝天寿〟をまっとうしなければいけません。

天寿とは〝天の意思〟であり、〝大いなるものの意思〟といえます。それを「神」という人もいらっしゃいますが、私は宗教家ではありませんので、特定の人や物ではなく、畏敬の念をもって大いなるものと向き合っています。そのような大いなる意思はどこにあるのかというと、私たちの〝内〟にあると私は感じています。

自分にとっていいことをすると、うれしくなったり、楽しくなったりしますよね。

これは、自分の〝内なるもの〟がよろこんでいる証拠です。

自分がしたことで目の前の人がよろこんでいるのを見ると、これもすごくうれしくなります。さらに、より多くの人がよろこんでくれた方が、そのうれしさは大きくなるもの。これも、自分の〝**内なるもの**〟がよろこんでいる証拠なのです。


私が考える「**天寿をまっとうする**」とは、この〝内なるもの〟の声を聞き、それに従うことだと思っています。つまり、〝内なるもの〟がよろこび、自分の魂が歓喜することに従って生きていくことこそが、人としてもっとも〝**理にかなった生き方**〟だと思うのです。

良くないのは、一時的なよろこびや快楽や自己満足に走ることです。一時的なよろこびや快楽も同じようによろこびの追求ですが、魂の歓喜と何が違うかというと、圧倒的に結果が違います。

一時的なよろこびや快楽や自己満足に走っていると、必ず健康を害したり、人間関係や自分の経済が悪くなったりします。なぜそうなるかというと、〝理にかなっていない〟から。

〝理にかなった生き方〟をしていて病気になるとか、貧しくなることはあり得ません。なぜなら、その〝理〟とは〝宇宙の原理〟だからです。

宇宙の原理とは私たちを存在せしめているものであり、絶対的な法則です。あそこの国だけ引力がないとか、この国だけは太陽が西から昇るといったことがないように、宇宙の原理とは揺るがない普遍的なもの。それに従っていれば、必ず真理にたどり着けるのです。

ヨーガは英語で"Union with God"（神との合一）と訳されています。私が「神」と書くと不思議かもしれませんが、一神教的な崇《あが》める思いではありませんから、ご安心ください（笑）。つまり、ヨーガによって神（＝大いなるもの）との一体感を味わうことは、〝内なるもの〟の声を聞いて、それを実践していくことと同じなのです。

人間の苦しみを生む5つの原因

〝内なるもの〟は誰の中にもあって、常にメッセージを投げかけています。でもその〝内なるもの〟の声を聞こうとしたとたんに邪魔をするものがいるんです。ヨーガではそれを〝クレーシャ〟といい、日本語では〝煩悩〟とか〝苦悩〟と訳されています。クレシャは心を不安にさせたり、苦しめたりします。ではなぜクレシャが生まれるかというと、それには5つの原因があるからといわれています。

■1つ目は「無知」。

「無知」とはまさに〝知らない〟こと。本当の自分が何者であるかも知らないし、生きる目的やなぜ生まれたかの意味も知らない。だから、そこから苦しみが生まれるのです。「無知」は「無明」ともいいます。「無明」とは〝明かりがない〟こと。暗闇の中をなんの手がかりもなく、さまよい歩く感じです。

暗がりで細長いものを見ると「ヘビだ！」と驚くけれど、明かりをつけてよく見ればただの縄だったりとか、真実を知れば恐れは消えます。

明かりを灯《とも》して苦しみの原因を知れば、心も明るくなって悩みが消えるのです。

■2つ目が「自我意識」。

自我意識とは、「私がいるという意識」つまり〝エゴ〟です。エゴから「私」という意識が生まれます。エゴが未発達な場合には、「自分さえよければ」という主張が生まれます。自分勝手な行いや考え方をしていれば、まわりの人たちとうまく付き合うことができません。それが苦につながるのです。

■3つ目は「執着」。

執着とは、過去の楽（快感）の経験から生まれます。人でも物でも愛したり、大切にしたりするのはいいのですが、それがすぎると「執着」となって苦しみを生みます。

夢や目標も同じです。努力することは大切ですが、「こうならないとダメだ」と必要以上に固執すると「執着」が生まれて苦しみにつながるのです。

■4つ目は「嫌悪、貪欲」。

「嫌い」と思うことや、そういう感情を抱くのは「好き」の反対の感情なので、誰にでもあります。でも、その「嫌い」も行きすぎると「憎悪」につながるので注意が必要でしょう。なぜかというと「人を呪わば穴二つ」という言葉があるように、外に向けた「憎悪」のエネルギーは必ず自分に返ってきて、結局は自分を苦しめることになるのです。

■そして5つ目が「生存欲求、生存への執着」。

「生命欲」とは「死にたくない」という〝死への恐怖〟を生みます。それがあらゆる苦しみへとつながっていくのです。

多くの人の悩みや苦しみも、突き詰めればこの5つのうちのどれかにあたるのではないでしょうか。「無知」「自我」「執着」「憎悪」「生命欲」……ヨーガとは、苦しみを生む５つの原因を解消し、クレシャをなくしていくためのものだともいえるのです。

自分で自分の種を蒔きましょう

ヨーガを学べば学ぶほど、体験すれば体験するほど、「ヨーガはこの宇宙の原理を説いているんだな」と実感します。結局は、自分で体験し、実感して学んでいくしかないのだと思います。

20世紀の初めに活躍した哲学者ジェームズ・アレンが１９０２年に書いた名著『「原因」と「結果」の法則』（原題：AS A MAN THINKETH）を読んで、私は深く感銘を受けました。物事の結果にはすべてに原因があり、その原因のほとんどは自分の「思い」とつながっている……。この法則は宇宙の摂理であり、絶対的な正義です、とアレンは書いているのです。

いい種を蒔《ま》けばいい芽が出ますが、悪い種を蒔くと悪い芽しか出ません。それと同じで、いい言葉を使えばいいことが起こり、いい行いをすれば必ずいい結果を得ることは誰もが理解できるところです。

現状が悪いのだとすれば、それはその現状（結果）のもとになる原因があるはずです。その原因を分析して変えてみる行動を起こし、結果が悪ければまた違う方法に変えてみる。その繰り返しです。

日々、いい種を蒔いて、いい言葉を使って、いい行動をする。悪い結果が出たら、それぞれそれを見直して修正する。それを淡々と繰り返してみるのです。

世の中は常に変わります。付き合う相手も変わりますし、自分の体調も変化します。その変化に合わせてまた修正しながら、しなやかに変えていく。それがいちばん理想的な自分に近づくもっとも早い道なのではないでしょうか。

私がどれだけナウリをしても、あなたの内臓を浄化することはできません。あなたが自分の内臓を浄化したいのであれば、あなたがナウリのやり方を学び、何度も、何度も練習して、自分で習得するしかないのです。

自分で自分の種を蒔き、それを育て、収穫する。人生はその繰り返しなのかもしれません。

死について私が思うこと

いい種を蒔き、それを収穫していけば、人生は歳《とし》を重ねるごとにますます実りのある、豊かなものになるはずです。

20代より30代、30代より40代、40代より50代、50代より60代と、歳を重ねるごとにより楽しく、より豊かになる人生。それがもし、そうならないのだとしたら、やはり何かが間違っているのでしょう。

確かに、歳を重ねるごとに失っていくものもあります。それは若さであり、生きる時間です。「生きる」とは「死に向かっていく」ことでもあるのです。

たくさん生きる時間を使えば、その分、死ぬ時間に近づきます。20代ではまったく実感のなかった死が、50代、60代と歳を重ねるごとにリアルな存在として近づいてくるのです。

同年代の友人や知人の死や、自分の体力や記憶力など肉体的な衰えからも、やがて訪れる死を意識するかもしれません。

確かに死は怖いものです。でもだからといって、死を必要以上に恐れていては「生きる」ことを生かすことができなくなってしまいます。

アップルの創業者の一人であるスティーブ・ジョブズは、すい臓ガンになり、医者から死の宣告を受けました。その死の淵《ふち》から舞い戻ったジョブズはスタンフォード大学の卒業生を前に「死とは、生命に関した唯一にして最高の発明品だ」と、自分の体験から死の重要性を説きました。

「私は17歳のときに〝毎日をそれが人生最後の一日だと思って生きれば、その通りになる〟という言葉にどこかで出合いました。それは印象に残る言葉で、その日を境に33年間、私は毎朝、鏡に映る自分に問いかけるようにしているのです。『もし今日が（人生）最後の日だとしても、今からやろうとしていたことをするだろうか』と。『違う』という答えが何日も続くようなら、ちょっと生き方を見直せということです。

自分はまもなく死ぬという認識が、重大な決断を下すときにいちばん役立つのです。なぜなら、永遠の希望やプライド、失敗する不安……これらはほとんどすべて、死の前には何の意味もなさなくなるからです。本当に大切なことしか残らない。自分は死ぬのだと思い出すことが、敗北する不安にとらわれない最良の方法です。我々はみんな最初から裸です。自分の心に従わない理由はないのです」

※スタンフォード大学卒業式でのスピーチ（２００５年６月12日　佐久間純訳）

「生」と「死」はコインの両面みたいなものです。生きている人はどんな例外もなく死にますし、しかも、「死」はいつ来るかわかりません。だからこそ、生きていられることが重要で、すばらしいことなのです。

死を決して恐れず、必要以上に「負」のイメージをもったりネガティブにとらえたりすることなく、「有終の美」を飾れるように生きる。それがとても大切なのだと思うのです。

よく生きた者はよく死ねる

私の大好きな芸術家の一人である中川一政画伯が残した言葉に、こういうものがあります。

「よく生きた者がよく死ぬことができる。それはよく働く者がよく眠ると同じこと」

私もその通りだと思います。

眠れないときに「眠れない」とか「早く寝ないとダメだ」と思えば思うほど、余計に眠れなくなります。

こういうときは逆に、「ラッキー！　眠くないから本でも読もう」とか「寝なくてもいいから、布団に入って目を閉じて身体《からだ》を休めよう」としていると、自然と寝られるものです。私も何度か体験しています。

私は仕事柄、寝る時間が不規則になることがあります。撮影が深夜に及んで、またその翌朝に撮影がある場合などでも朝のルーティーンを最優先にしているので、30分とか1時間しか寝ていないときもあります。それでもヨーガや瞑想《めいそう》のおかげか、睡眠不足で苦しむことはありません。

また、スケジュールによってはお昼に寝ることもありますが、それでもよく眠れます。やっぱり、よく働いているおかげだと思っています。

「死ぬのが怖い」という人は、そう思えるのは生きているからこそです。死んだら「怖い」とすら思えません。

それでも「死ぬのが怖い」としたら、中川画伯の言葉通り、「よく生きる」ことです。よく生きていないから死が怖いのです。よく生きていたら楽しくて「死ぬのが怖い」と思うヒマなんて、きっとなくなります。

この人生を「生きる」ために

大切なのは、〝今〟という限りある時間を一生懸命に〝生きる〟ことだと思います。生きていれば、さまざまな不安や恐れは誰の人生にも必ず起こります。それは、今の人生をより良くするために出てくるのです。だから、不安や恐れが出てきたら具体的に対処すればいいんです。

「病気になって、働けなくなったらどうしよう」と不安なら保険に入るとか、がんばって働いて、お金を貯《た》めれば安心できます。

不安を不安のままもっていると、余計にその不安が掻《か》き立てられるでしょう。だから、そんなときは具体的に対処すれば、必ずその不安は解消されます。

とにかく、〝無我夢中〟に生きることです。

毎日、毎日、1分1秒を無我夢中で一生懸命に生きていれば、心に不安や恐れが入り込む余地がありません。問題があれば具体的な対処をすれば済みます。起こってもいないことを不安に思ったり、取り越し苦労したりするのは〝ヒマ〟なんです。無我夢中で生きていたら、そんなヒマはないはずです。

そしてとにかく、自分を信じること。

自分を信じて一生懸命にやっていたら、必ずなんとかなります。毎日の仕事とか生活の中で、自分の可能性とか、自分のできること、自分のもっている力を精いっぱい出しきっていれば必ずなんとかなるものですし、なんとかならなくても神様（＝大いなるもの）は必ず見ています。

私は**「人事を尽くして天命を待つ」**という言葉通り、一生懸命にやったら、あとは無条件に神様に結果はゆだねます。

結果が思い通りにならなければ「ちょっと、努力が足りなかったかな」とまたチャレンジすればいいだけですし、違うことをしてもいいんです。

結果はどうあれ、一生懸命にやったことは、きっと神様が祝福してくれます。何があっても見守ってくれて、いざというときは必ず助けてくれます。私は、そう信じています。

毎日、自分の時間を生きること

「125歳まで生きる」というと、「よっぽど、長生きしたいんだな」と思うかもしれませんが、長生きするのが私の目的ではなく、「自分の時間を生きた結果が、長生きだった」という生き方をしたいのです。

誰にとっても一日は24時間です。これは絶対的な時間です。

でも、「今日はあっという間の一日だったなぁ」という日もあれば、「今日は一日がすごく長かったなぁ」という日もあります。

大好きな人と過ごす一日、大好きなことをする一日があっという間に過ぎるのに対して、嫌なことをイヤイヤする一日や、つらく苦しいことがあった一日はとても長く感じるものです。これは相対的な時間です。

「あなたは一日8時間、この仕事をしなさい」と会社からいわれてやるのは絶対的な時間です。多くの人は、この8時間を長く感じるのではないでしょうか。

でも「あなたに一日あげるから、あなたのしたい仕事をしたいだけしてもいいですよ」といわれたら、それは相対的な時間なので、きっとその人は8時間以上働くでしょうし、その時間はきっと短く感じることでしょう。

誰にとっても一日は24時間でも、どう過ごすかによってあなたが感じる時間は短くも、長くもなります。まさに相対性理論です。

他人に「これをやりなさい」と強制されたり、強制されないまでも義務やお金のためだけにやったりすると、それは〝他人の時間〟を過ごしたことになります。でも、「自分がこれをやりたい」と思ってやることは、〝自分の時間〟を過ごしたことになります。

他人の時間を過ごすことが必要な場面もありますが、できるだけ自分の時間を過ごす。それは難しいことではありません。主体性をもってやれば、それは自分の時間になるのです。

それともうひとつ、人生で大切なことがあります。

それは、「神様に祝福される時間を過ごす」ということです。

神様に祝福される時間を過ごすことは、自分の時間を過ごすことになります。そして、その時間は「自分の魂が歓喜する時間」でもあるので、ある種の時空を超えた、濃密な時間といえるでしょう。

絶対的な時間の「早い」「遅い」は関係ありません。

どれだけ自分がそうした時間を過ごせるかが大切です。そして、そうした時間を過ごすことが「なりたい自分になる」ための近道であり、「本当の自分」を見つけるための時間でもあるのです。

自分の身体にもっと責任をもつ

第16代のアメリカ大統領、エイブラハム・リンカーンの残した言葉に、こういうものがあります。

「40歳を過ぎた人間は、自分の顔に責任をもたなければならない」

私は本当に、その通りだと思います。さらに付け加えるならば、「40歳を過ぎた人間は、自分の〝身体〟にも責任をもたなければならない」と思うのです。

顔にはその人の生き方が出ます。それは年齢を重ねるごとに顕著になります。

身体も同じです。その人の生き方がそのまま出るのです。

若いころはある程度、欲望に突き動かされるのは仕方のないことだと思いますが、40歳を超えても自分の欲望を抑えきれないような人はどうでしょう。

特に、それが身体に表れているのだとしたら恥ずかしいことだと思わないといけません。

私が男女や年齢を問わず「カッコいいなぁ」とか「ステキだなぁ」と思う人は、コンプレックスを隠すことなく、きちんと昇華（消化）している人です。

生まれもったものや遺伝的なものも否定することなく、そこも含めて自分を生きているので、とても魅力的な人が多いです。

そういう人は、加齢による薄毛やしわをも自分の魅力に変えることができます。

そして、言葉遣いも話題も上品で、人に対する思いやりがあります。その場に合った話題を提供できて、しかもウイットに富んでいる。すぐに感情的になったり、人の悪口をいったりすることもありませんし、お酒に酔って乱れることもありません。

40歳を超えると、否《いや》が応でも体力は落ちますし、老化も起きてきます。いわば、ごまかしが利かない年齢です。つまり、より真価が問われる年齢を迎えるのです。

歳を重ねた分だけ、人間としての品も上がっていく――。そんな生き方をしたいものですね。

「劣化」ではなく「進化」という自分軸

歳を重ねることは「老いること」です。

多くの人はこの「老いる」ということをマイナスにとらえるものです。

確かに老いると古くもなりますし、その分、劣化もします。人間の寿命にも限りがありますので、歳をとった分だけ死にも近づくでしょう。

でも「老いる」ことは決してネガティブなことばかりではありません。歳を重ねた分だけ経験も増えますし、それを魅力にすることだってできます。

重ねてきた時間で得たものを使うことによって、それを「進化」させて前に進む。さらに「深化」させてより深くする。「真化」させてより真実に近づく。「神化」させて少しでも神のご意思を知るのです。最近、そのようなことをよく思います。

食べ物でも腐れば毒になりますが、発酵すれば美味《おい》しくなり栄養価も上がります。腐るのも発酵するのも、どちらも菌の作用であり、どちらも自然の作用です。

それと同じで、私たちは老いることによって「劣化」につなげることも「進化」につなげることもできるのです。

進化の方向に行くのは、決して時間や流れに抗《あらが》うことではありません。むしろ、時間や流れに抗うことなく自然の力を利用して進化するのです。

大切なのは自分の軸をちゃんともって、その軸を「劣化」ではなく「進化」に置くことだと思います。

「劇的すぎてつまらない」とタモリさんはいった

32年間、平日の毎日、生放送で司会を務めていた番組『笑っていいとも！』が終了して、しばらくしたころタモリさんにお会いしたときの話です。

『笑っていいとも！』が終わって、自由になる時間が増えたので、今までやりたくてもできなかったことを精力的にこなしているというタモリさんが、こんな風にいいました。

「今まで読みたくても時間がなくて読めなかった本を読んだり、観《み》れなかったビデオや映画を観たりしてるんだけど、それで思ったよ。小説なんかでもいろいろ読んだけど、みんな〝劇的すぎてつまんない〟んだよね。だってさ、リアルな生活ってそんな劇的じゃないものね」

私はこの言葉にハッとして、そして深くうなずきました。

今の世の中は〝劇的なもの〟を追い求めすぎているような気がします。

たとえば食べ物でも、「劇的に美味しい！」とか「劇的に辛い！」といったものを求める人がたくさんいますが、私にいわせてもらえば、そんなのは本当の美味しさじゃないんですよね。

私が毎日いただいているのは旬の野菜と果物に玄米です。野菜は漬物にしたり、塩や醤油《しょうゆ》などの自然な調味料を少し足して調理します。劇的な味はしませんが、嚙《か》めば嚙むほど素材本来の味わいが伝わってきて、なんともいえない美味しさを感じます。

旨味《うまみ》成分を多く含んだ化学調味料で作られた料理や、辛味やスパイスに刺激を受けて「うまい！」と感じるのもわからなくもないですが、本当の美味しさとはもっと日常的で、毎日食べても飽きない味です。

さらにいえば、ただ味覚や食欲を満足させるだけじゃなく、身体もよろこぶ。それが本当の美味しさだと思うのです。

昔の〝名刀〟と呼ばれる刀は必ず、すばらしい鞘《さや》に納まっています。もつ部分の柄《つか》にもすばらしい細工が施され、握る手を防御する鐔《つば》のデザインも見事です。

これらの鞘や柄や鐔は、あくまでも名刀と呼ばれる刀身に合わせて作られたもので、刀身を良く見せるために作られたものではありません。

刀鍛冶が全身全霊を打ち込んで出来上がったすばらしい刀身、これに対して見合う鞘を、柄を、鐔をと作られたのです。

でも今の世の中は、刀身のすばらしさよりも、鞘や柄、鐔のデザインの良さや豪華さ、美しさばかりに目が奪われているようなものです。中身や本質ではなく、見た目やうわべの追求ばかりです。

先ほどのタモリさんとの話の続きですが、2人の共通意見は「最近の小説やドラマや映画は〝劇的なこと〟ばかり追いかけている。でも、昔の小説やドラマ、映画は日常の中で繰り広げられる、人間の営みの真髄の部分のよろこびや悲しみが表現されていた。だからおもしろかった」でした。

ダイエットでも、「劇的に痩せる！」という広告文句に踊らされて試してみるけれど、痩せない。痩せても、それは劇的であって、〃非日常〃なのです。だから日常に戻ればすぐにリバウンドしてしまいます。

現代人の多くは、劇的なこと、溢《あふ》れる情報など、まわりの「動」的なことに惑わされたり、振り回されたりしすぎです。

それよりもっと、自分の内面にある「静」的なものを見つめ、自分の、そして物事の本質を忘れないようにしなければいけないのではないでしょうか。

私が「静かな時間」を大切にしている、いちばんの理由はそこにあります。

鶴からのメッセージ5

＊人間は１２５歳まで生きられる可能性がある

＊「天寿をまっとうする」とは〝内なるもの〟がよろこぶこと

＊人間の苦しみは「無知」「自我」「執着」「憎悪」「生命欲」の5つから生まれる

＊今日が人生最後の一日だと思って生きてみる

＊自分の時間を生ききることで死が怖くなくなる

＊40歳を過ぎたら自分の身体に責任をもつこと

＊老いとは「劣化」ではなく「進化」である

「あとがき」

人間の可能性は自分しだい

先日、「シンギュラリティ」という言葉を初めて知りました。直訳すると「特異点」。科学技術の進歩によってＡＩ（人工知能）技術が目まぐるしく発展し、ゆくゆくは自己進化しながら人間の頭脳レベルでははかりしれない未来を創ってゆく……まるでＳＦ映画のような世界観ですが、その分岐点が「シンギュラリティ」と呼ばれて話題になっているそうなのです。

さらに詳細を聞いているとＡＩ技術のさまざまな方面での広がりには驚くばかりですが、反面、穏やかな気持ちになっている自分もいました。最近の私は、外側の世界が騒がしくなればなるほど、心が冷静になっている自分と出会います。そして、それを楽しんでいる自分もいます。

科学の進化発展によって、人類は新しい文明を創り続けてきました。その都度、その時代なりに、生活は便利・快適となりましたが、身体《からだ》や心（精神）から眺めてみると、何やら本質から遠く離れてしまっていると感じるのは私だけではないでしょう。便利・快適になっているのに、人間の悩みは減るどころか増えているように思えてなりません。

「外側の進化に伴って、人間の内面はどうあるべきなのかな？」

そのようなことを、なんとな〜く考えている「私」がいます。

心の中の「静けさ」を求めるように、ヨーガを実践して6年目となりました。日々、いくら身体や心との対話を重ねても尽きることはなく、楽しむ思いは増えるばかり。ヨーガの時間が待ち遠しくてなりません。そして一日1食の食生活になってからは、食べ物のありがたさと身体とのつながりを改めて考えるようになりました。また、料理も自分で手作りしているうちに、もっと極めてみたい気持ちも湧いてきています。機会があれば本にまとめたいくらいです（笑）。

「はじめに」でもふれましたように、これからの日本は大きく様変わりしていきます。私と同年代の方々の中には夢や希望をもつことができず、一人暮らしの寂しさに心が潰されて、アルコールに依存してゆく人も少なくないと聞きました。とても悲しいことですし、もったいないと感じます。

人間の可能性は無限だと生命科学者やアスリートたちは口にします。私も同じ気持ちです。可能性の扉を開くのも閉じるのも、すべて自分しだい。自分の「在り方」で人生をいかようにも変化させることはできるでしょう。

あきらめないことです。もっと自分を信じて、果敢に生きてゆくことです。まだまだちっぽけな私ですが、年々心が豊かになっていくことを感じます。同じような感覚を味わう人が1人、2人と増えていけば、もっとおもしろい未来が待っている気がします。

最後まで私の話にお付き合いいただき、誠にありがとうございます。

普段私が思っていること、感じていることを素直に申し上げました。

２０１７年3月にサンマーク出版の鈴木七沖さん、出版プロデューサーの竹下祐治さんと初めてお会いしてから、この本の企画が始まりました。常に実験的な生き方をしている私に興味をもっていただき、そして私自身も気がついていないたくさんの引き出しを開けていただき、心より感謝しております。

また、すばらしい写真を撮っていただいた小澤義人さんとのご縁にも感謝申し上げます。この本に彩りを添えていただきました。

62歳にしていただいた新たなシード（＝種）です！

このシードからどのような芽が、そしてどのような花が咲くのか楽しみです。

２０１７年師走のアトリエにて

片岡鶴太郎

片岡鶴太郎（かたおか・つるたろう）

高校卒業後、片岡鶴八師匠に弟子入り。3年後、東宝名人会、浅草演芸場に出演。その後、バラエティー番組を足掛かりに広く大衆の人気者になる。目下、幅広いキャラクターを演じられる役者として活躍し、日本アカデミー賞最優秀助演男優賞など数多くの賞を受賞。画家としては、1995年に初の絵画展「とんぼのように」を東京で開催。以降、毎年新しい作品での個展を開催している。2001年、初の海外個展をフランス・パリにて開催し、好評を博す。2011年、初の本格的仏画を出展。2013年に第69代横綱白鵬の化粧まわしのデザインを担当し、伊勢神宮で奉納・お披露目された。2015年3月、書の芥川賞といわれる「第10回手島右卿賞」、同7月「第32回産経国際書展功労賞」を受賞。2016年4月より、羽田空港国内線第1旅客ターミナルにて、放送作家・小山薫堂氏とのコラボレーション作品11点を「旅する日本語展」として広告掲出中。また2017年5月、インド政府公認プロフェッショナルヨガ検定に合格し、インド政府より、ヨガマスター、ヨガインストラクターの称号を授与され、第1回ヨガ親善大使にも任命される。

心の中に「静」をもつ

2018年1月30日　初版印刷
2018年2月 5日　初版発行

著　者　　片岡鶴太郎
発行人　　植木宣隆
発行所　　株式会社 サンマーク出版
〒169-0075
東京都新宿区高田馬場2-16-11
(代)03-5272-3166
印　刷　　共同印刷株式会社
製　本　　株式会社若林製本工場

ISBN978-4-7631-3667-1 C0095
ホームページ　http://www.sunmark.co.jp